塗黑的官方文件

民主崩壞的起點

「黒塗り公文書」の闇を暴く

日向咲嗣 著　許郁文 譯

目次

第一章——被一千四百頁塗黑的官方文件遮掩的官民勾結共犯結構

第二章——由公開文件揭露地方政府荒腔走板的政策

第三章——於檯面下不斷展開「政府機構VS市民」的資訊揭露攻防戰

第四章——於正式開幕當天揭露的公務員洩漏底標疑雲

第五章——遠比塗黑更惡劣的「文件不存在」

第六章——無半點遮掩的官方文件揭露的公共事務委託民間辦理問題

前言
92%被塗黑，公開頁數多達一千四百頁的官方文件

到底要倒多少墨水，才能讓這麼多張白紙變成黑紙呢？

雖然早有心理準備，但親眼看到被塗黑的公開文件時，我的震撼還是遠遠超過了想像。

當時擺在我眼前的是塞滿整箱，一千四百頁的官方文件。二〇一八年四月二十日，我向和歌山市教育委員會申請了官方資料，過了三個月後，這些官方文件於七月上旬送到我家。當我打開這箱「貨物」，發現裡面的紙幾乎都已經被塗黑。在我精算之後，發現被塗黑的比例高達92％。

當我將一部分的官方文件從紙箱拿出來，攤在自己空無一物的房間地板之後，與其說眼前的光景「令人為之震攝」或「壯觀」，不如說這幅景象令我感到不安，當下覺得有股「寒

意」穿過背後，整個人立刻變得很消沉（圖1）。

儘管我可以想像這些被塗黑的部分記載了多少細節（圖2），但也感受到和歌山市教育委員會有多麼不想讓一般市民看到這些內容，心裡又有多麼排斥這件事。我不禁覺得這些被塗黑的文件與透明公開的行政實在相去甚遠，一定有一些非比尋常的事情此時此刻正暗地發生著。

【圖 1】92%被塗黑的部分官方文件

【圖 2】應該是會議紀錄的部分幾乎都被塗黑。不難想像，這些被塗黑的部分記錄了許多細節。

最令我震驚的是，寄送這多達一千四百頁塗黑官方文件的部門是市民圖書館。明明市民圖書館是守護市民「知的權利」的最後堡壘，是幫助市民索取資訊的機關，就算這是與自己業務（建造新圖書館）有關的事情，居然敢若無其事地將整頁塗黑的官方文件寄給市民，這件事徹底推翻了我對圖書館的信任。

明明我所知道的圖書館人員都很有服務精神，只要我問他們事情，他們總是會跟我說「有這類資訊喲」、「也有這本書喲」，給我許多有用的建議，就算最後找不到需要的資訊，他們也從來不會露出不耐煩的表情，總是願意幫助民眾尋找資訊，我也不禁覺得這或許就是「圖書館職員的本能」吧。

建造新圖書館的基本計畫與基本概念是讓不同立場的市民得以來到圖書館，一起孕育更豐富的在地文化，但儘管用字遣詞如此華麗動聽，記錄圖書館建造過程的官方文件卻與計畫書完全不同，出現了宛如異世界的黑幕，這到底是怎麼一回事？他們為什麼要塗黑文件？想要隱藏什麼事情？為什麼這些事情不能公開？這些被塗黑的內容又是什麼？

我耗費了六年的心血，一個又一個解開了上述這些疑問，讓那些行政黑幕攤在陽光之下，也將這個過程寫成了本書。

圖書館不過是冰山一角的例子。活動中心、公園、林蔭步道、水族館，這些與我們日常生活息息相關，遍布全國各地的公共設施都有類似的情況正在發生。

森友學園問題、賞櫻會、於名古屋出入境管理局發生的斯里蘭卡女性維莎瑪死亡事件等，這些在國會引起大騷動的塗黑官方文件，如今也在地方自治的第一線大量產生中，並理所當然地放諸於市民面前。當我看到如此大量的塗黑官方文件，曾一度覺得不知所措，但之後我開始不斷地向相關人士提出質問，以及採訪他們。在這一連串宛如拼圖的過程之後，我發現的是特定企業隨心所欲地將市民的共有財產（公共財）轉變成私有物的殘酷過程。直接從事這些行為的執行者絕非利慾薰心的傢伙，而是凡事一板一眼的人，是一切依法行政的公務員。他們也從未懷疑將官方文件塗黑這件事有什麼問題。

納粹高官阿道夫．艾希曼（Otto Adolf Eichmann, 1906-1962）曾於第二次世界大戰時將數百萬名猶太人送至集中營；而在大戰結束之後，有人指出艾希曼不過是個堅守崗位的平凡官員。所以從這點來看，那些「被塗黑的官方文件」，或許正是公務員的「平庸之惡」的象徵。

我想深入探討造成「塗黑的官方文件」叢生的背景因素，想要直擊那個充滿「平庸之惡」的系統。

序章

被塗黑的公共建築物搶奪計畫

約九成的民意「反對改建」的葛西臨海公園，公開的官方文件幾乎都被塗黑

葛西臨海公園是一座面向東京灣，能體驗水邊風光、綠意盎然的公園，不過大家可知道東京都正打算改建這座公園的核心設施「水族園」嗎？

二〇一八年十一月，東京以這座公園年逾三十年，設施逐漸腐朽為由，發表了「葛西臨海水族園更新基本構想（草案）」，但有九成的意見「反對」這項草案。主要的理由是這座水族園出自設計紐約現代藝術博物館（MoMA）的世界級建築家谷口吉生（1937-2024）之手，是座將園區結構與大海合為一體的玻璃圓頂建築物，在當地人的心中這座水族園是公園的象徵，所以大部分的人都希望能夠保留這座水族園，不需要重建。

即使反對的意見高達九成，東京都仍堅持改建的立場。二〇二〇年十月，東京都發表了「事業計畫」後，於二〇二二年一月公開招標，也在經過四次技術審查委員會之後，於八月確定了得標的業者。十二月，東京都議會通過後，東京都便像是趕進度一般與業者簽約。

原本看似一帆風順的改建計畫，卻在二〇二三年二月十日的時候亮起紅燈。都議會環境

建設委員會的建設局負責人提出新水族園的建設區樹木數量「約一千四百棵」的計畫，也在接受質詢時辯答「新水族園的設計以移植為前提」（之後得知，在新水族園境內的一千七百棵樹木之中，有六百棵是採伐而來的樹木，有八百棵是移植而來的樹木）。

日本建築家協會成員於二〇二二年十一月向東京都申請，要求東京都公開投標之際的相關文件。儘管東京都公開了得標集團的計畫案，但是總頁數為八十五頁的這項計畫案有七十六頁全部被塗黑（理由是其中包含企業投標技巧，若公開會讓企業的競爭力受損），也沒有公開對樹木的影響，未得標集團的計畫案也全部不公開。

一年後的二〇二三年十一月，筆者再次要求東京都政府公開相關官方文件，結果取得了記載得標集團相關細節的文件。這份文件總共有三百二十一頁，除了圖片與記載備用品與相關雜物的頁面，其他的頁面全部塗黑（圖3），甚至連頁首與頁尾都塗黑。照理說，接下來業者應該會根據這些提案內容實施相關計畫，但我沒想到的是，東京都的公家機關居然把計畫內容全部視為「企業機密」，抵死不願公開相關內容。

【圖 3】這是東京都提供給筆者的葛西臨海水族園改建計畫文件。關於得標集團的提案內容共有 321 頁，其中除了圖片與記載備用品、雜物的頁面之外，其餘的頁面幾乎都塗黑。

在這份文件之中，記載審核委員會評分內容與結果的頁數共有二十三頁，但除了審查項目與評分欄位之外，評審的評分意見欄也全部被塗黑，就算我快要把紙看破，也看不出任何內容，這哪裡算得上是向民眾公開資訊，簡直就是全部塗黑的官方文件。

此外，我也找不到任何東京都提出的樹木保護具體方案，以及對樹木會造成哪些影響的評估方案。這些市民最想知道的事情全被當成民營企業的機密保護，從這個例子也可以發現，公家機關一直以來都隱匿這類資訊，行政方式又有多麼不合理。

「塗白」的神戶市立須磨海濱水族園改建計畫

另外還有一個啟人疑竇的水族館改建計畫。只要是關西人，一定都聽過兵庫縣神戶市傳出的水族館疑雲。

二〇一七年，神戶市決定讓長年被當地人暱稱為「須磨水」的市立須磨海濱水族園徹底轉型為民營設施。此舉主要是因為這座於一九五七年開園的水族園在歷經六十年的歲月之後，相關的設施已經不堪使用，修繕費也相當可觀，所以才打算改建，同時打算在改建之際，交由民營業者負責建設周邊的公園與住宿設施，藉此讓地方政府的負擔減至最輕，也讓市民能夠享受最新的設備與遊樂設施，更希望能讓這項計畫成為促進民間活力的範本（二〇二四年六月，以「神戶須磨海洋世界」之名開幕）。

公開招募之後，總共有兩個集團投標，而神戶市也於二〇一九年九月決定以產經大廈共七間業者組成的共同事業體為優先議約權業者。

根據優先議約權業者的提案，他們準備在周邊約十萬平方公尺的面積投入三百七十億日圓，打造西日本唯一看得到虎鯨的水族館，以及打造能與海豚近距離接觸的泳池旅館，還有讓家長能夠放心帶小孩子遊玩的松林公園。開業時的水族館總水量將會是一萬五千噸，這個數字不僅是改建之前的三倍，更是日本全國第五名的規模。在全年入場人數部分，二〇一八年度僅為一百一十萬人，而業者計畫在開業之際的二〇二四年度達到兩百五十萬人，自二〇二五年度之後，平均為兩百萬人（二〇一九年十一月二十八日、每日新聞）。

不過，這看起來百利無一害的計畫卻潛藏著一個非常可怕的陷阱，那就是由市民負擔的入場費將增加至改建之前的三倍。改建之後，十八歲以上市民的入場費將從一千三百日圓調漲至三千一百日圓，十五到十七歲的入場費從八百日圓調漲至三千一百日圓，國中、國小學生的入場費從五百日圓調漲至一千八百日圓。至於原本免費的學齡前兒童，四至六歲的入場費調漲至一千八百日圓，所有對象的入場費都大幅調升，讓國中、國小學生得以免費使用公共設施的「悠遊護照」也不得使用。

民眾聽聞國中、國小學生的入場費從五百日圓準備調漲至接近四倍的一千八百日圓之後便聯名抗議，要求檢討入場費的規劃。

面對如此反對的聲浪，神戶市認為要打造足以吸引來客的設施，入場費就得提高至一定的程度，至於漲價的部分，則希望業者能夠提出照顧市民的優惠方案。

筆者向神戶市提出設定入場費的相關資料之後，神戶市提供了被選為優先議約權業者的民間集團的計畫書。

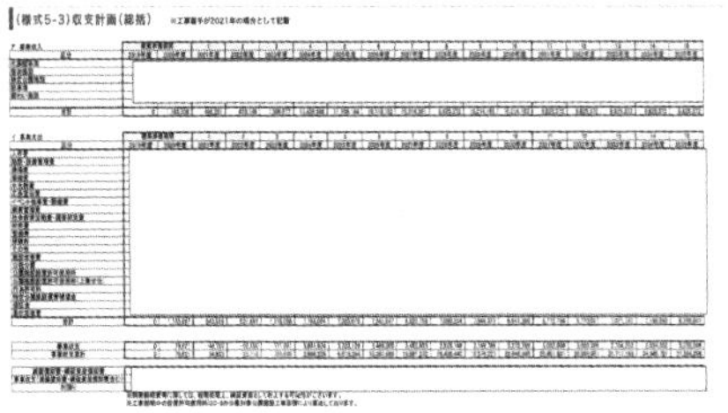

【圖4】不想公開的部分就「塗白」處理的官方文件。

當我快速翻閱這份以實施體制、事業計畫為題的文件，發現裡面完全沒有任何塗黑的部分。正當我心想「真不愧是神戶市！居然如此貫徹資訊公開的政策」，沒想到接下來就陸續出現讓我心中直犯嘀咕的部分。

當我仔細閱讀具體的收支計畫，便發現其中有一些不自然的空白部分。本該塞滿數字的表格居然空了一大塊。放大一看會發現，這些原本塞滿數字的部分在影印的時候被蓋上了一層白紙。沒錯，這不是「塗黑」，而是「塗白」（圖4）。

這份計畫將開始施工的年度定為二〇二一年度（開業為二〇二四年度），而兩年前的二〇一九年度到二〇三五年度，總共十七年的事業收支預測值也都整理成表格，但除了各年度的最終數值之外，所有的數值全部「塗白」，人事費、設備維護費、修繕費、水費、瓦斯費、電費，記載這些明細的欄位全部空白。

當我仔細閱讀還有數字的欄位之後，只知道在開業第四年開始，能夠締造三十億日圓左右的盈餘，但相關的明細依舊被塗白，所以就算是專家也無法判斷入場費調漲至比神戶市直營時代高三倍的決定是否合理。

其他頁面被塗白的部分雖然不多，但重要的內容果然還是被塗白。雖然在這份可供民眾申請的二百二十頁計畫表之中，只有不到一成的部分被塗白，但是想要知道真相的市民應該會覺得這份文件「到處都是空白」才對。

如果試著將塗白的部分塗成黑色，這份資料就會變成「典型的海苔便當」（圖5）。

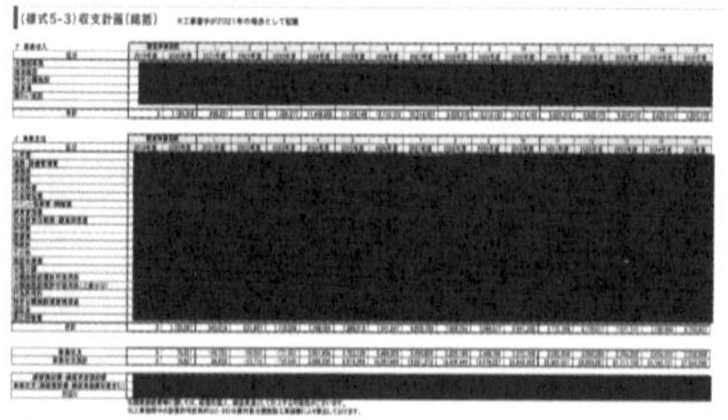

【圖5】試著將「塗白」的部分塗黑，就會得到「海苔便當」。

新水族園的建設費用到底是多少？營運與維護的費用又是多少？根據這些費用預測的入場人數為多少？又能因此創造多少入場費？再者，周邊的住宿設施又能創造多少收益？幾乎不可能從這份文件取得這些基本的內容。

照理說，官方文件的內容應該「完全透明公開」才對，但如今這項大原則儼然瓦解，而「塗黑」則是這項事項的表徵。市民若是看到這些塗黑的文件，心裡難免會懷疑公家機關的施政不夠透明，或是隱瞞了一些不想被市民發現的事實，硬是推動某些不合理的政策，但是公家機關若希望將「塗黑」改成「塗白」，藉此化解民眾的批判，豈不是坐實了公家機關想要「操縱印象」的企圖嗎？

讓我們回到入場費的話題吧。在這份公開的資料之中，也有針對調漲三倍的入場費提出各種優惠的設定。業者在這份計畫書提到了讓市內的國中、國小學生一年能有一次入場費僅五百日圓的優惠（學齡前兒童則為免費），我猜業者是覺得這麼做就能堵住市民的嘴，但仔細閱讀就會發現這項制度另有玄機。

大部分的市民應該都以為這些提供給神戶市民的入場費優惠來自業者利潤，但實情是神戶市根據各種優惠對象的人數，計算業者可能減收的利潤再予以補貼。換言之，在業者試算之後因為優惠而減收的利潤，其中有46～67%由神戶市負擔（根據神戶市的負擔比例會隨著優惠對象的人數而浮動）。由於優惠的一大部分都是由神戶市負擔，所以對於業者來說這是絕對不會吃虧的條件。

許多名義上是促進市民便利，減輕市民負擔的「官民合作事業」，其實都給了業者超乎規格的優惠，或是對這些營利事業投入了巨額的公帑。事到如今，這些被點名的例子也浮上檯面。神戶市須磨水族園改建計畫也絕非例外。

此外，於二〇二四年六月開館之後，神戶市對於業者提出的優惠補貼方案照單全收，而且採用了依照季節調整入場費的制度。以二〇二四年九月為例，成人（高中生以上）的平日入場費是三千一百日圓，到了最貴的盂蘭盆節會漲到三千七百日圓，暑假的時候（包含旺季的星期六日）也會調漲至三千三百日圓；至於十二月到三月（不包含寒假與春假）的入場費則會降至二千九百日圓。不過，兒少年（小學生、中學生）、幼兒（四至六歲）的入場費只在十二月到三月這段期間便宜一百日圓，其餘時間沒有明顯的折扣（平日、盂蘭盆節、暑假為一千八百日圓，十二月到三月僅調降至一千七百日圓）。

堅拒公開資訊的廣島市立中央圖書館搬遷計畫

許多地方政府因塗黑官方文件問題而成為焦點，其中令市民最為不滿的例子莫過於廣島市中央圖書館搬遷問題。

廣島市最初是於二〇二一年十一月發表這項搬遷計畫，主要是想將老舊不敷使用的市立中央圖書館，從和平記念公園附近的現址搬到JR廣島站前。之所以打算搬遷這座圖書館，主要是希望交通方便的站前地點能方便更多人使用，而且新地點的 Yale Yale A 館（廣島站的大型商業複合設施）也只需要稍微整修，圖書館就能進駐，整修費用也比原址重建來得便宜。不過，許多市民立刻提出反對，原因是「這項計畫簡直就是先射箭再畫靶，有強行通過的疑慮」。

明明一開始的計畫是在現址附近重建（讓中央圖書館、兒童圖書館、影像文化圖書館這三項設施進駐中央公園），後來卻突然轉換路線，捨棄綠意盎然的世界遺產原爆圓頂館附近的地點，改為人聲雜沓、龍蛇雜處的站前商業大樓，這對市民來說，簡直就是有如「晴天霹靂」的消息。

隔年二〇二二年一月，於圖書館從事兒童導讀的公民團體發起了以「我們反對『廣島市兒童圖書館』、『廣島中央圖書館』搬遷至 Yale Yale A 館」為主題的聯名抗議活動，希望廣島市能以「未向市民善盡告知義務，亦未經過充分討論」為由，重新檢視這項計畫，其他的公民團體也跟進，紛紛要求廣島市政府重視檢視搬遷計畫（二〇二三年一月，市內八個團體聯名，向市長提出撤銷計畫的請願書）。

市民之所以如此生氣，主要是因為市政府明明還未徵得市民的意見，就自行做出結論，以半強硬的方式推動這項搬遷計畫。據說廣島市第一次向市民徵求意見時，總共得到了兩百一十五件回覆，其中高達90％持反對意見，但在計畫確定執行之前，這些意見都未能得到採用。

市政府遲遲不願公開相關的資訊，市長也不願意與反對搬遷的公民團體會面，市政府的圖書館協議會與社會教育委員就算對這項爭議表達了意見，市政府也以「這不是傾聽地方人士或審議委員意見的會議」為由，將民意擋在大門之外。

最終某個內部告發的小道消息指出，之所以要將中央圖書館搬遷至站前，是為了拯救虧損嚴重的第三部門（The third sector，指的是非政府單位，又非民營企業的事業單位）的「最後手段」。

第三部門的廣島站南口開發案準備於二〇二一年四月，與承租地下一樓至地上九樓與十一樓餐廳樓層的百貨公司福屋重新簽訂今後二十年的契約。由於地價持續下跌，所以相較於二十二年前百貨公司開業之際的租金，如今有必要繼續調降租金。

這對以租金作為主要收入來源的廣島站南口開發案是一大打擊。二〇二一年二月，當地的媒體指出，如果再不試圖改善，貸款給該公司四十一億五千萬日圓的廣島市，就得放棄後續可以收到的六億六千萬日圓利息。

於是便有人懷疑「該不會是為了拯救經營不善的廣島站南口開發案，所以廣島市才打算將中央圖書館移至 Yale Yale A 館，藉此將租金當成固定收入吧？」（之後，廣島市轉為取得相關的不動產）。此外，也有人懷疑租用地下一樓至地上九樓與十一樓餐廳樓層的福屋廣島站前店，之所以打算將賣場縮減至地下一樓至地上五樓的範圍，藉此改善經營狀況，也跟拯救經營不善的廣島站南口開發案有關。

廣島是享有國際和平都市美譽的都市，到底怎麼樣的中央圖書館才配得上這座都市？中央圖書館若是搬到原本就不是設計作為圖書館、且屋齡超過二十年以上的商業大樓，是否能夠妥善管理館藏的珍貴資料？這些市民觀點完全未被納入搬遷計畫的評估標準之中。

事實上，保存資料比想像困難。比方說，在前廣島藩主淺野家捐贈的和漢古書之中，包含了躲過原爆的「淺野文庫」在內的江戶時代資料，以及其他與原爆有關的資料，這些珍貴的資料到底該如何保存？中央圖書館搬到 Yale Yale A 館之後，預定收藏的一百五十萬筆資料真能得到妥善管理嗎？負責保管廣島作家的作品與資料的廣島文學資料室是否真能搬到 Yale

Yale A館的保管展示環境嗎?明明搬遷計畫仍有許多有待解決的問題，市政府的說明仍有決定性的不足。

二〇二二年九月，松井一實市長在聽到市民的這些意見之後，提出了妥協方案，表示只有兒童圖書館會留在原址。但是，希望兒童圖書館、中央圖書館與影像文化圖書館這三項設施能以「基礎圖書館群」的形式，於中央公園境內重建的團體立刻提出抗議。然而市政府卻在未能形成共識之下，就逕自推動中央圖書館搬遷至站前的計畫。

二〇二三年三月，市議會以贊成者占多數為由，通過了圖書館搬遷預算案。不過，議會也不敢在民眾紛紛反對搬遷的情況下無條件通過預算案，便以「相關的討論尚且不足」為由，對這個預算案追加了「必須先向議會、使用者、地方人士以及其他相關人士仔細說明相關問題，預算才得以通過」的條件。塗黑的官方文件也是在此之後成為關注的焦點。

廣島市政府於二〇二二年年底向議會提出了三個方案的比較資料，這三個方案分別是①搬遷至 Yale Yale A館、②原址重建、③搬遷至中央公園，而這份比較資料的結論是搬遷至A

館。市政府並於過年之後的二〇二三年一月，向議會提出 Yale Yale A 館適合作為中央圖書館新址的整建基本計畫。但當公民團體要求廣島市公開這段期間的會議資料時，竟然是得到了一堆「塗黑」的官方文件。

儘管議會提出了資料，許多公民團體希望的中央公園境內重建案卻被刪除，只剩下原址重建案與 Yale Yale A 館搬遷案的比較方案，記載決議過程的內部會議紀錄卻全部塗黑，Yale Yale A 館的使用年限為什麼能從三十七年大幅延長至六十七年的計算根據也全部塗黑，這些都讓公民團體忍不住在記者會大發雷霆。

明明在前一年二月於市議會通過的附帶決議中，要求市政府在徹底比較各方案之後，製作相關的說明資料向相關人士仔細說明，並在得到相關人士的認同之後再做出決議，但最終市政府沒有遵守這項約定。

儘管許多市民群起抗議，市議會仍於二〇二三年三月通過了中央圖書館搬遷至商業大樓的計畫案。

筆者於同年十月要求廣島市公開附帶決議要求的三案比較資料，之後經過二十九天的拖延，廣島市公文書館總算於同年十二月中旬寄來了約九十頁的官方文件。或許是因為圖書館搬遷案早在三月就已經通過，而且也已經過了九個月，相關的會議紀錄幾乎都沒有塗黑，但是讓公民團體在記者會暴怒的理由，也就是 Yale Yale A 館使用年限能夠大幅延展的根據依舊全部塗黑。我光是看到這些塗黑的資料，便能明確感受到市民對於市政府在這段期間的所為，反應會有多麼地憤怒了（圖 6）。

【圖 6】廣島市立中央圖書館搬遷計畫公布後，新址的使用年限從 37 年大幅延展至 67 年的根據全部塗黑。

照理說，評估搬遷計畫是否合理的資訊，應該在議會通過計畫之前就公布。所以我不禁覺得這種忽略市民意見先斬後奏，事後再公開資訊的做法，可說毫無意義。

這種不顧市民意見，堅持計畫通過之後才公開決議過程的例子十分罕見。明明許多市民都提出了意見，但心中早有定論的廣島市政府卻怎麼也不願意停下腳步重新思考，也不願意多花時間說明，完全不顧社會觀感，大量塗黑的官方文件正是廣島市政府如此傲慢的表徵。

東京都提出的明治神宮外苑重劃官方文件也幾乎都塗黑

公共財（共有財產）到底屬於誰？讓許多人重新思考這個問題的是東京明治神宮外苑地區重劃問題。

綠意盎然的明治神宮外苑重劃地區是一塊橫跨東京新宿區與港區，面積高達二十八點四公頃的地區。這項重劃計畫由明治神宮與日本運動振興中心（JSC）主導，三井不動產與伊藤忠商事從旁協助，是件總經費高達三千四百九十億日圓、施工期間長達十三年的大規模重劃事業。

這項從二〇一〇年開始構思的重劃計畫，除了要在其他位置重建神宮球場與秩父宮橄欖球場之外，還打算建造一棟兩百公尺左右的商業摩天大樓、旅館與體育相關設施，而這項大計畫從二〇二二年二月開始，讓人感到其中另有黑幕。中央大學研究開發機構的石川幹子教授自發地進行實地調查之後，發現重劃區域之中的一千多棵樹木很可能會被砍掉，而這個計畫正是讓人覺得其中另有黑幕的原因。

隔年二月，東京都通過了重劃事業，但是音樂家坂本龍一、作家村上春樹以及其他知名人士為了保護這塊維持了百年之久的森林，紛紛發動大規模的連署抗議活動。

到了九月，ICOMOS（國際文化紀念物與歷史場所委員會）也針對明治神宮外苑重劃事業提出「神宮外苑擁有全世界其他公園所沒有的歷史，而這座珍貴的公園正受到都市重劃計畫威脅」的意見，同時還發出了「遺產危機警告（heritage alert）」。這讓相關的抗議活動不斷擴大，除了要求業者撤回重劃事業之外，甚至還要求東京都知市重新檢視都市計畫。照理說，被指定為風景區的這塊地區不能夠建造摩天大廈，但是東京都與新宿區居然違規發出開發許可，也因此引發了維護公益訴訟（民眾訴訟）。

明治神宮外苑重劃計畫的決議流程幾乎是黑箱作業。記者犬飼淳指出，這項問題叢生的事業計畫之所以能夠強行通過，主因之一是「不利計畫推行的資訊長期被徹底隱蔽，導致抗議活動未及擴大」。據說東京都公開的官方文件只提到了「確認並微幅修正業者提案的內容，完全沒提到最重要的決議過程」。民營企業則沒有公開資訊的義務。因此，犬飼記者要求完全成了盲點的獨立行政法人的日本運動振興中心公開資訊，聽說犬飼記者也因此取得連東京都都沒有的會議紀錄，之後便於自己的電子報（犬飼淳的電子報）詳細報導了這些大部分被塗黑的官方文件。果不其然，明治神宮外苑重劃事業也出現了大量的塗黑官方文件。

為了隱瞞官民合作事業的「黑暗」而塗黑的官方文件

在明治神宮外苑重劃計畫成為話題的不久前開始，許多市民參與反對公園與綠地的開發計畫，這些抗議也都成為熱門話題，因而注意到這些事件的人也越來越多。比方說「反對砍伐日比谷公園的一千棵樹木」、「反對大量砍伐大阪市樹木」、「保護東京中央區濱町公園的大樹與環境」、「反對玉川上水舊水路綠道一百八十九棵櫻樹砍伐計畫」、「重審東京杉並區善福寺綠地、關根文化公園、原寺分橋湧水工程計畫」、「重新檢視平塚市龍城丘都市公園整備計畫」、「愛知豐橋公園新型競技場計畫進行公投」……都是大規模的署名抗議活動，相關的例子事實上多得兩手都數不完。

人們之所以越來越想保護都心的珍貴樹木，主要有兩個理由。第一個理由是隨著氣候變遷，發生天災的頻率也越來越高，而要抑制氣溫上升，留住東京都心的樹木是當務之急，大部分的公民也已有這層認知。但諷刺的是，中央政府與地方政府卻彷彿反其道而行，加速放寬了都市開發的限制；這也是民營企業跟上政府腳步，以「官民合作」為名目，大肆進行都市開發的案例不斷增加的理由。淪為開發標的的正是每位市民都能免費享用的「社會財富」，也就是所謂的公共財。

從二〇一七年度開始的 **Park-PFI**（公募設置管理制度）讓國家政策的這些矛盾全面現形。簡單來說，**Park-PFI** 是讓東京都心或觀光地點公園更容易設置咖啡這類便利設施的制度，從這些設施收取的租金也可轉作維護公園的費用，市民也能得到更舒適的休憩環境。由於相關的設施是交由民營企業建設與營運，而且國家也會提供補助，所以對地方政治來說，這絕對是百利而無一害的制度。對於民營企業來說，在建設這類建築物的同時，能夠享有建蔽率從2%增加至12%或10%的優惠，能在人潮洶湧的公園之內便宜租到營業門市，這也算是一大優點。

遺憾的是，明明Park-PFI是立意良善的制度，卻在全國各地不斷傳出激怒市民的案例。

二〇二二年四月，打算透過Park-PFI制度整建城北公園的靜岡市葵區，爆發了星巴克退出相關事業的消息，這也是前所未有的事件。

二〇二一年，參加靜岡市公開招標的企業集團提出了設立星巴克門市以及付費育兒支援設施的計畫。業者原本打算為了公園的使用者，新增能停放七十三輛汽車的停車場，但在地人士卻認為，這項計畫會導致一百多棵楠樹與櫸樹被砍掉，破壞原有景觀。此外，市民未於這項計畫扮演任何角色，所以便以整建費用支出違法為由提出了住民監察請求。

接到申請的靜岡市雖然停止得來速的建設，也重新檢視了櫸樹與楠樹的砍伐計畫，減少砍伐的數量，但是星巴克的業者認為相關的計畫變得過於複雜，所以在同年四月中旬表達了退出計畫的意願。

其實讓民間業者在公園建設咖啡或是休閒設施，再將業者租金轉為經營公園之用的Park-PFI是非常合理的制度；但實際上路之後，卻變成地方政府濫砍國內樹木，破壞公園魅力的制度，而且還是在市民一無所知的情況下推動相關計畫。

除了Park-PFI制度之外，綜觀所有的官民合作事業，會發現業者都是在一定能夠得到利益的條件之下參加相關的計畫。請大家先看一下圖表1。這是我在調查星巴克（包含加盟店）於地方政府公共設施開店的租金之後，整理相關資料而成表格。

【圖表1】星巴克（包含加盟店）於地方政府的公共設施開店的門市租金資料（筆者自行調查）

地點	施設名稱（開幕年分）	面積	年租（每平方公尺的單價）	月租
東京都台東區	上野恩賜公園（2012年）	522m²	一千五百三十五萬一千六百日圓〔二萬九千四百零九日圓〕	一百二十七萬九千三百日圓
靜岡縣濱松市	濱松城公園（2018年）	551m²	九十二萬五千千六百八十日圓〔一千六百八十日圓〕	七萬七千一百四十日圓
愛知縣小牧市	中央圖書館（2021年）	52m²	二百九十萬一千二百七十四日圓〔五萬五千七百九十四日圓〕	二十四萬一千七百七十三日圓
熊本縣宇城市	不知火圖書館（2022年）	61m²	三萬三千五百四十七日圓〔五百五十日圓〕	二千百六十九日圓
愛知縣津島市	天王川公園（2023年）	257m²	十一萬五千五百五十一日圓〔四百五十日圓〕	九千六百二十九日圓

其中租金最貴的是東京都台東區的上野恩賜公園門市。即使是租金最貴的門市，但月租也不過一百二十七萬九千三百日圓（五百二十二平方公尺），連車站周邊的門市租金的三分之一都不到。至於最便宜的熊本縣宇城市不知火圖書館門市，二千七百九十六日圓（六十一平方公尺）的租金「幾乎等於免費」。

再以愛知縣小牧市中央圖書館的星巴克為例，由於小牧市給予電費、瓦斯費免費的優惠，所以光是簡單計算一下就會發現，這間門市其實得到了遠遠高於二十四萬月租的優惠（根據星巴克給小牧市的報告，這間門市的業績一年約為九千萬日圓，假設電費與瓦斯費為業績的5％，每月的相關費用為三十七萬五千日圓）。

當公共設施或公園成為地方政府的事業之一，而且地方政府也不願積極公開，市民當然不會知道這些民營企業得到如此多的優惠。一旦市民要求公開，那些官民合作事業的「黑暗」就會被原則上不能塗黑的官方文件所隱瞞。

照理說，公共財是為了市民所設立，但是與公共財有關的計畫卻被這些地方政府的首長、民營業者與政府機關所把持，相關的決議流程也完全不讓市民知道，「塗黑的官方文件」也清楚地告訴我們這些不合理的事實。

聲援神宮外苑樹木砍伐計畫的經營顧問羅切爾・科普（Rochelle Kopp）曾在X（舊稱Twitter）針對這種政界、官界、財界的共犯結構寫下下列的文章。

開發計畫宛如業者、政治家與官僚之間的黑箱作業，市民完全沒有機會參與決議流程，也無法表達意見。一般市民只在所有事項已經決定之後，才能得知計畫的細節，而且也無從要求變更。

資訊公開制度已淪為有名無實的制度，而那些該在公共財計畫通過之前就公開的關鍵資訊，為什麼會被塗黑呢？接下來要帶著大家仔細檢視圖書館或相關設施的建設與營運，了解資訊公開制度的現況。

第一章

被一千四百頁塗黑的官方文件遮掩的官民勾結共犯結構

被塗黑的官方文件隱瞞的委託民間辦理實際情況

在「民間能做的事情讓民間做」這個口號之下，二〇〇〇年初期開始，地方政府就開始將部分行政業務委託民間辦理。

除了清潔工作、警衛工作、活動中心、體育中心的維護與營運之外，有些地方政府甚至將戶政事務的窗口都交給民營企業負責。一般認為，利用「民間經驗」可大幅提升行政效率，以更低的費用創造更大的成果，但有一個領域卻意外地揭露了所謂的「民間經驗」只是一句「空虛的宣傳口號」。

這個領域就是圖書館。讓公共設施全部交由民營企業經營的指定管理者制度是於二〇〇三年通過，而在二〇〇〇年代中期，民營企業根本沒有經營的經驗。目前業界龍頭TRC（圖書館流通中心）第一次接受指定管理委託是在二〇〇四年，從隔年開始才於北九州市經營圖書館。明明在此之前，圖書館（直營圖書館）幾乎都由公家機關自行經營，不會假民營企業之手，但民營企業怎麼會突然被拱為「專家」接下相關設施的經營，照理說這些民營企業應該沒有任何「專業與經驗」才對。

地方政府所公開的塗黑官方文件最能突顯這個事實。我為了解圖書館業務委辦的現況，依照資訊公開制度向全國各地地方政府申請公開的資料，但大部分的地方政府都以「與民營企業的機密有關」為由，塗黑了許多內容。

其中最令我震驚的莫過於在前言介紹的一千四百頁官方文件。我於二〇一八年四月二十日申請資料之後，經過四十五天的延長，於七月四日寄到和歌山市。首先讓我整理一下這部分的過程。

耗費九十四億公帑的事業幾乎未公開任何資訊

以下是筆者在相關報導（於二〇一八年九月十五日開始的部落格《幾乎月刊蔦屋圖書館》的第一篇報導「塗黑的圖書館建設計畫」）另外追加補充資料的內容，其中提到了和歌山市在改建市民圖書館之際，未徹底公開圖書館經營業者招標過程，就直接交由「蔦屋圖書館」負責的經過。雖然這項和歌山改建市民圖書館計畫被譽為民間委辦業務的成功案例，但其實蔦屋圖書館也有許多問題，這篇報導便針對蔦屋圖書館進行解剖。

什麼是蔦屋圖書館？

「蔦屋圖書館」指的是由在全國各地開設租借門市「TSUTAYA」的CCC（Culture Convenience Club，文化便利俱樂部）公司，擔任指定管理者的公共圖書館。應該有不少人還記得，二〇一三年於佐賀縣武雄市設立第一間蔦屋圖書館引起了不小的轟動。

最初，蔦屋圖書館被譽為「官民合作的劃時代圖書館」，得到許多鎂光燈的讚賞。蔦屋圖書館除了全年無休開放至晚上九點之外，內部裝潢也十分時尚，不僅擁有挑高的天花板與高聳的書架，館內還設有星巴克，讓使用者能夠一邊喝咖啡，一邊閱讀報章雜誌，而且除了販售新書的書店之外，還附設了租借門市（蔦屋書店），由於這些由民營企業進行的嘗試跳脫了傳統圖書館的框架，所以蔦屋圖書館也因此備受矚目。

不過，在過了一陣子之後，問題卻一個一個浮現（圖表2）。例如許多重要的鄉土資料莫名被報廢；大量採購了沒有價值的古書作為圖書館藏書；採用了書店特有的分類方式，讓人難以找到需要的書籍；租借書籍所需的T卡有可能導致個人資訊外洩。

照理說，造成這麼多問題的企業應該會失去公信力，至少很難再從地方政府接到經營公共圖書館這類工作才對，但不知為何這個常識無法套用在TSUTAYA的母公司CCC身上。二〇一五年，神奈川縣海老名市的蔦屋圖書館開幕後，CCC又陸續接到各地政府的委託，其中包含二〇一六年的宮城縣多賀城市、二〇一七年的岡山縣高梁市、二〇一八年的山口縣周南市，CCC不斷地在各地設立蔦屋圖書館。

到了二〇一七年底，CCC在首次在縣治和歌山縣和歌山市接到相關業務，而且也被選為於二〇一九年完成的車站大樓新圖書館的指定管理者，這種無往不利的氣勢不禁讓人覺得「背後該不會有什麼官商勾結的黑幕吧？」

奇怪的是，上述這些接受蔦屋圖書館的地方政府的議會與議員都莫名支持CCC，就算發生了什麼問題也不會究責。就連在地報紙這類媒體也都報喜不報憂，只會報導「使用者超過幾萬人！」這種正面新聞。

【圖表2】「蔦屋圖書館」的醜聞或疑雲的實例之一：其中問題最多的「海老名市立中央圖書館」（這是繼「武雄市圖書館」之後，全國第二間蔦屋圖書館）的相關事件

時期	海老名市立中央圖書館的醜聞、疑雲
2015年9月	開幕前夕，從選書清單發現，在八千多本預定購入的書籍之中，接近半數是「料理相關書籍」。附錄還摻雜了塔吉鍋、磨泥器、眼鏡布這類器材。此外，也發現了亞洲聲色場所導覽這類不適當的書籍。
	在正式開幕的前一天，擔任館長的高橋聰在記者會自爆「我們在武雄市圖書館的時候都是超級外行人」。
10月	平成26（2014）年度，發現在三億日圓的圖書採購費之中，約有九千萬日圓的預算未執行，CCC也沒還給海老名市。
	CCC獨創的生活型態圖書分類引起了連職員都找不到書的大混亂。
	一起經營海老名市立圖書館的TRC宣布「因企業理念不合，無法再與CCC共事，要從海老名市撤退」，最後在海老名市長的斡旋之下撤銷。
11月	CCC被發現退回應徵指定管理者所需的隱私權標章。
12月	一般認為，採行指定管理者的制度能削減成本，但經營費用卻比採行這項制度增加了一倍，市議會也追究這個問題。
	市民向橫濱地方法院申訴，要求與CCC、TRC共同事業體解除海老名市立圖書的基本協議，以及要求市長補償六億日圓的損失。
	圖書館官方網頁的活動介紹頁面盜用了其他公司網站的圖片，連相關的內容都是在未得到其他公司的許可，就直接盜用該公司的生活綜合資訊網站的內容。
2016年1月	於圖書館申請租借所需的T卡之後，會收到與圖書館沒有直接關係的企業的簡訊，讓人懷疑由CCC管理的個人資料是否從圖書館外洩。
4月	市民要求公開使用人數資料時，發現使用人數的計算方式似乎不太正確。
6月	市立中央圖書館與非圖書館區域（星巴克、蔦屋書店）的電費與水費未分別簽約。市教育委員會雖然聲稱「是以8：2的比例支付」，但還是有許多人質疑，市民的稅金是否用來支付民營企業的部分經營費用。

儘管在這段期間陸續爆發了大量購買古書、肥貓館長人事、預算流用、侵犯著作權、住民訴訟、個資外洩這些醜聞與疑雲，而且都登上了新聞版面，CCC卻還是能接到官方委託的案件。

於和歌山發生的事件

我從二〇一五年下半年開始在「商業時報」（ビジネスジャーナル，新聞網站）寫了好幾篇有關蔦屋圖書館的報導，但越寫越麻痺，越來越覺得蔦屋圖書館出問題是稀鬆平常的事，每次看到蔦屋圖書館的醜聞，心裡都會嘀咕「怎麼又來了」。

之後我於二〇一七年的十二月到隔年二月這段期間，將舞台換到《週 Play NEWS》（週プレNEWS），寫了好幾篇踢爆「和歌山市蔦屋圖書館決議過程內幕」的報導。

我在此時發現，和歌山市發生了非常詭異的事情，而且是之前的蔦屋圖書館完全無法比擬的程度。

若問什麼事情如此詭異，答案就是事業規模大得離譜。預定新建市民圖書館的南海電鐵和歌山市站前重劃計畫的總費用為一百二十三億日圓，其中更誇張的是，官方的補助居然高達六十四億日圓（若是包含建造圖書館的三十億日圓，官方的投資金額達到九十四億日圓）。

順帶一提，在之前 TSUTAYA 入駐地方政府的計畫之中，補助金額就是幾億到十幾億日圓而已，沒想到和歌山市提供的補助居然是數倍之譜。

補貼的來源當然是稅金，所以我也順理成章地認為，和歌山市應該會公布這項事業的細節與流程，沒想到再怎麼搜尋或是打探消息，都找不到我想知道的資料。

我特別想知道的是，為什麼會選擇株式會社RIA這間公司負責建築物的基本設計。經營 TSUTAYA 的CCC與RIA之間有著特殊的關係，因為被譽為CCC旗艦店的代官山蔦屋書店就是由RIA設計。

沒有公開資訊的義務

所以我才懷疑是不是在選擇RIA負責建築物的基本設計之際，圖書館的指定管理者就已經內定是ＣＣＣ了呢？也因此著手調查相關的流程。

結果我發現，接受圖書館進駐的大樓的出資者不是和歌山市，而是南海電鐵。所以就算我要求和歌山市提供相關資訊，和歌山市也只會回答「我們不是出資者，不了解情況」；南海電鐵則因為是不需要公開資訊的民間企業，所以根本不願正面回答我的問題。喂喂喂，給我等一下，明明收了六十四億的補貼，卻只是因為民營企業所以不需要公開資訊？怎麼可以這樣！大家一定都會這麼想對吧？

於是我向和歌山市提出「請針對來年預定開幕的市民圖書館，提供與南海電鐵討論的所有書面資料」的公開要求。

如此一來，至少能夠了解選擇ＲＩＡ的過程。我於四月下旬寄出申請資料的郵件後，在第十四天收到了延長四十五天的聯絡。和歌山市決定提供資料後，又跟我討論支付影印費、寄送費的問題，所以我一直等到七月初才收到資料。

送來的是裝滿一整箱多達一千四百頁的書面資料。當我打開箱子，發現這些書面資料幾乎一片黑漆漆，都是整面塗黑的資料。

在一千四百頁的官方文件之中，塗黑的部分高達92%

想必大家已經稍微了解和歌山市提供一千四百頁塗黑書面資料的背景故事了。接下來想要帶著大家回顧筆者是如何處理這些資料。

雖然事情已經過了五年，到現在我還清楚記得，當我看到大量塗黑書面資料時的心境。就過去的經驗而言，這類資料通常會用A4大小的牛皮紙袋寄來，沒想到和歌山市寄來了一整箱沉甸甸的資料，當下我實在很驚訝。打開箱子之後，看到塞得滿滿的書面資料又驚訝了一次。當我抽出資料一看，看到幾乎整面塗黑的這些資料，又讓我驚訝了一次。

在我與負責這件事的公家單位交涉之際，我大概知道他們會提供我一千四百頁的資料，也知道其中會有許多資料都塗黑，但是當我親眼看到這些資料之後，卻還是遭受了超乎想像的衝擊。

當我將一部分的官方文件從紙箱拿出來，攤在自己空無一物的房間地板之後，與其說眼前的光景「令人為之震攝」或「壯觀」，不如說這幅景象令我感到不安，當下覺得有股「寒意」穿過背後，整個人立刻變得很消沉。

到底該拿這些資料怎麼辦？老實說，當我看到這些資料時，我完全不想從這些資料找出什麼線索，更遑論想要揭露藏在這些塗黑資料底下的黑幕。取得重要資料的大門已經完全關上，所以我的工作也結束了。老實說，當時的我已經不知道該怎麼調查，已經束手無策了。

即使如此，我還是試著將標題、日期、出席者這些沒塗黑的部分整理成表格。

雖然分析內容這件事幾乎已成絕望，但我還是想將和歌山市提供如此誇張的資料寫成一篇報導，算是給這件事一個交代，於是我便開始撰寫報導。

「不管資料有多少，總之就先將已知的事實整理成表格吧」，我還記得當我這樣告訴自己，心情就輕鬆不少，因為這個過程雖然費時費力，卻不太需要思考，只是默默地做著重複的事情而已。

到底和歌山市都提供了哪些資料呢？請大家先看看圖表3。我將一千四百頁書面資料的標題、日期與頁數以及其他基本項目整理成這張表格。

【圖表3】和歌山市與南海電鐵合作的和歌山市民圖書館建設計畫相關官方文件內容揭露一覽表（筆者自行調查）

會議紀錄名稱（次數）開會時間		總頁數	完整揭露	全面塗黑	部分塗黑「能夠辨識的行數*」
細節設計會議（共16次）、2017年7月4日～2018年4月9日		176頁	19頁	142頁	15頁「69行」
圖書館例行會議（共13次）、2016年4月28日～2017年1月11日		185頁	2頁	157頁	26頁「119行」
南海和歌山市站周邊活化調整會議（共69次）	9次·2014年6月3日～12月17日	107頁	7頁	71頁	29頁「78行」
	22次·2015年1月29日～12月21日	330頁	9頁	215頁	106頁「362行」
	20次·2016年1月13日～12月16日	401頁	18頁	278頁	105頁「298行」
	18次·2017年1月11日～2018年4月3日	273頁	24頁	177頁	72頁「283行」
合計		1,472頁	79頁	1,040頁	312頁「1,209行」

*只計算看得出標題與內文的行數

首先要看的是「實施設計會議」的部分。南海電鐵和歌山市站前的公益施設棟（市民圖書館預定進駐這棟大樓）的基本設計、細節設計的相關會議從二〇一七年七月到二〇一八年四月，總共開了十六次。

至於進駐公益設施棟的市民圖書館這邊，基本設計的會議為「圖書館例行會議」，而這類會議於二〇一六年四月至二〇一七年一月，總共開了十三次。

【圖表4】筆者在2018年4月20日向和歌山市教育委員會申請的官方文件（約1,400頁）的塗黑比例（筆者自行計算）

會議紀錄名稱	總頁數	完整揭露	全面塗黑	部分塗黑「能夠辨識的行數*1」	將可辨識的行數換算成頁數*2	總頁數可供辨識的部分	塗黑率
細節設計會議	176頁	19頁	142頁	15頁「169行」	21.3頁	12.10%	87.90%
圖書館例行會議	185頁	2頁	157頁	26頁「119行」	6頁	3.24%	96.76%
南海和歌山市站周邊活化調整會議	1,111頁	58頁	741頁	312頁「1,021行」	92頁	8.28%	91.72%
合計	1,472頁	79頁	1,040頁	353頁「1,209行」	119.3頁	8.10%	91.90%

＊1：只計算看得出標題與內文的行數
＊2：以平均1頁30行為前提，根據「（可辨識部分 ÷30）＋完整公開頁數」的公式計算

此外，堪稱決策核心部分的「南海和歌山市站周邊活化調整會議」（以下簡稱「調整會議」），因為這類會議是由參與和歌山市站前重劃計畫的三方（和歌山市、和歌山縣、南海電鐵）一起召開，這類會議從二〇一四年六月開始，以每月一至二次的頻率召開，直到二〇一八年四月為止，總共召開了六十九次。

這些書面資料除了記載日期、場所、與會人員之外，似乎連協議事項、意見交換的內容都記載了，可惜的是只有開頭幾行可供辨識，除了標題與發言者之外，大部分的內容都被塗黑。

從二〇一四年到筆者申請資料的二〇一八年四月為止，這類會議總共開了一百多次，會議紀錄以及會議資料加起來多達一千四百頁，其中全面塗黑的頁數約有一千頁。

或許大家會覺得沒塗黑的部分比想像中多，但只要看看部分塗黑的比重，就會更了解塗黑的程度有多麼離譜。請大家看一下前一頁的圖表4。當我根據會議類別計算「總頁數」「能夠辨識的行數」（未塗黑的行數）之後，塗黑頁數占總頁數的比例，也就是塗黑率大概是92%。

塗黑的縫隙之間藏著解讀和歌山市民圖書館搬遷計畫之謎的關鍵

在掌握全貌之後，下一步是分析會議紀錄的內容。話雖如此，內容幾乎已經全部塗黑，我只能盡可能地篩選出還沒塗黑的項目。具體來說，就是找出出席者來自哪個部門，各部門有幾個人參加，然後將那些可供辨識，又有點在意的內容寫在備註欄裡。

我無從得知會議的內容之外，不管我怎麼調查參加者的人數群組織，也得不到想要的答案。正當我覺得「一切終將徒勞無功嗎？」幾近放棄之際，突然找到了一個解開這個專案之謎的關鍵。

應該是於二〇一四年十一月十一日的調整會議發給與會人員的會議摘要之中，有「視察武雄市圖書館」這個項目（圖7）。這場會議似乎決定讓所有參與調整會議的成員一同前往蔦屋書店附設星巴克的元祖蔦屋圖書館參訪，也確認了相關的行程與注意事項。

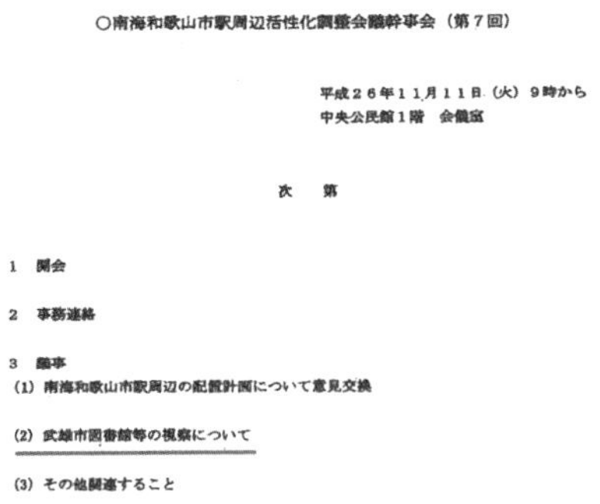

○南海和歌山市駅周辺活性化調整会議幹事会（第７回）

平成２６年１１月１１日（火）９時から
中央公民館１階　会議室

次　第

1　開会

2　事務連絡

3　議事
（1）南海和歌山市駅周辺の配置計画について意見交換
（2）武雄市図書館等の視察について
（3）その他関連すること

【圖7】於2014年11月11日召開的「南海和歌山市站周邊活化調整會議」相關資料。從中可以發現他們討論了「前往武雄市圖書館視察」的議題。

其中必有蹊蹺。

於是筆者便立刻向和歌山市與和歌山縣提出申請，要求記載當時行政視察細節的書面資料，結果得到了令人大感意外的事實。

第一點，參與視察的人數眾多且來自各部門。和歌山市派出了四名，和歌山縣派出了三名，所以地方政府總共派出了七名成員參加這次的視察。想當然耳，出席會議的RIA與南海電鐵也會派人參加，RIA派出了一名成員，南海電鐵派出了兩名成員，所以這是個多達十人的大視察團。

一般來說，在進行這類行政視察時，首長或是特定派系的議員都會陪同，而且這類行政視察也通常兼具員工旅行的性質，但是沒想到會由這麼多官民合作專案的成員組成視察團，與其說是特例不如說其中有異。到底是為了什麼而視察的呢？

遺憾的是，和歌山市提供的資料之中，只有允許出差的公文而已，至於出差的目的、內容與成果的報告，和歌山市與和歌山縣都以保管期限超過一年，已經報廢為由，回答我「相關資料已經不存在」。

但是，就算只有這些資料，筆者也敢斷定，早在CCC被選為指定管理者的三年之前，也就是二〇一四年十一月的時候，和歌山市就已經決定將南海電鐵和歌山市站的車站大樓打造成與武雄市圖書館、歷史資料館相同風格，果然不是筆者一廂情願的猜測。

未公開招募就決定指定管理者的前例——多賀城市圖書館

筆者之所以會對市政府的行政視察如此敏感，全是因為已有前例。前例就是宮城縣多賀城市立圖書館的官方文件隱蔽事件。

繼武雄市、海老名市之後，第三座蔦屋圖書館於二〇一六年座落於多賀城市的站前，而在決定ＣＣＣ為指定管理者的二〇一三年七月二十五到二十六日，市教育委員會三名成員也以視察為名前往武雄市。明明還沒公開招募指定管理者，卻已經先與之後才成為指定管理者的ＣＣＣ會談。照理說，應該會有那兩天的報告才對，但是在二〇一三年八月市議會文教厚生常任委員會追究報告時，市教育委員卻只公開了一天的報告，至於記載與ＣＣＣ開會討論的第二天報告則以「只參觀了圖書館，所以沒有相關報告」為由打發。

不過，某位匿名人物將完整的出差報告寄給相關人士，才揭露了市教育委員與ＣＣＣ私下會談的內容。

圖8是筆者於當時自行取得的那份關鍵的報告。從中，筆者發現視察武雄市圖書館的多

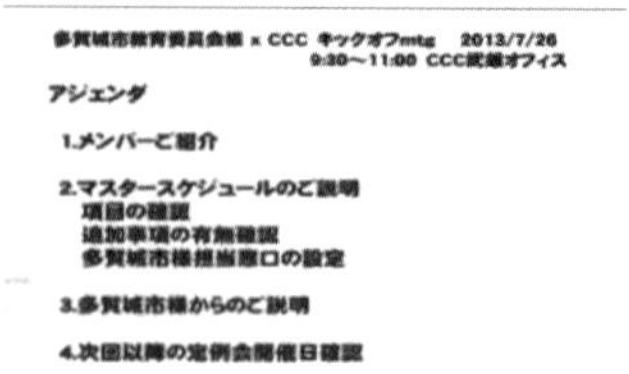

多賀城市教育委員会様 × CCC キックオフmtg　2013/7/26
9:30～11:00 CCC武雄オフィス

アジェンダ

1.メンバーご紹介

2.マスタースケジュールのご説明
項目の確認
追加事項の有無確認
多賀城市様担当窓口の設定

3.多賀城市様からのご説明

4.次回以降の定例会開催日確認

【圖 8】一開始聲稱不存在，但後來被發現的資料。

賀城市教委在當地與ＣＣＣ員工商討了許多關於設立圖書館的問題，更讓人驚訝的是，ＣＣＣ那邊居然提出了從建設圖書館到開幕的行程表。

在當時，繼武雄市之後的第二座蔦屋圖書館才剛在海老名市開幕，ＣＣＣ也正因為經營方式而飽受批評，沒想到預定建設第三座蔦屋圖書館的多賀城市就與ＣＣＣ私相授受，簡直就是地方政府在市民看不見的地方，跳過公開招募的程序與一介民營業者勾結。

順帶一提，後來市民要求多賀城市公開那份關鍵的出差報告之後，連曾經公開的第一天報告也完全塗黑，什麼也看不出來。

主導搬遷計畫的建設顧問

假設在多賀城市教委視察武雄市的隔年的二〇一四年十一月，和歌山市的負責人也一起前往視察武雄市的話，會懷疑和歌山市與多賀城市一樣於當地與ＣＣＣ員工進行實質協商也是理所當然的事。而且筆者認為，和歌山市也與多賀城市一樣在檯面下討論相關細節，所以才不斷地向和歌山市申請補充資料。可惜的是，和歌山市早就廢棄了記載重要會議內容的出差報告。

取而代之的是，反而能稍微看出是誰安排這一連串的會議與視察，這是因為當時由和歌山市另外提供的出差公文之中還包含了旅程表，而旅程表之中，藏著與視察團有關的重要線索。

這份旅程表有「15：00 視察熊本站周邊 熊本森都心（ＲＩＡ公司實際作品視察） 由熊本市或ＲＩＡ公司說明相關事業」的紀錄。

前面提過ＲＩＡ就是負責建造ＣＣＣ旗艦店代官山蔦屋書店的公司，也是於日後負責和歌山市民圖書館的基本設計、細節設計、監工的設計事務所，同時還是從資金計畫到最終階段一手包辦和歌山市重劃計畫的建設顧問。

這份旅程表之所以會將ＲＩＡ尊稱為「ＲＩＡ公司」，想必是因為這份旅程表是由旅行業者製作的，那麼主辦這場視察旅行的是誰？某位圖書館相關人士分析如下。

拜託旅行業者製作旅程表的人，不是南海電鐵就是ＲＩＡ。如果是南海電鐵的話，ＲＩＡ不過是南海電鐵的外包業者，所以旅程表不太可能出現「ＲＩＡ公司」這種尊稱。此外，這份旅程表還有「由熊本市或ＲＩＡ公司說明相關事業」這種只尊稱ＲＩＡ的記載，換言之，可以得出ＲＩＡ就是旅行業者的顧客，也就是這場視察旅行的主辦方的結論。

其實筆者一開始沒能想到這點，但是在聽完說明之後便恍然大悟，正因為旅行業者對ＲＩＡ使用了尊稱，反而證明了這場視察旅行的主辦方是ＲＩＡ，而這一切也就說得通了。

順帶一提，當我打電話突襲名字出現在出差申請單的和歌山都市再生課負責人之後，該負責人雖然以「沒印象」為由，完全否認自己曾前往武雄市視察，但是當我故意提到「可是（出差申請單）也有某某先生（被我用電話突襲的那位負責人）的名字耶」，他才立刻改口

「啊，對，我也有前往視察」，當下我真切地感受到，沒被塗黑的公開資料有多厲害。

和歌山市調整會議的相關人士在什麼事情都還沒有正式決定時，就已經前往蔦屋圖書館起源地的武雄市視察，而這項事實更是從旁佐證了視察旅行的主辦者很有可能是RIA，而且很可能也是由RIA主導這項計畫。言下之意，在多賀城市與CCC聯手主導蔦屋圖書館的設計到資金計畫的RIA公司，打算在和歌山市故技重施，以相同的手法打造另一座蔦屋圖書館。某位圖書館相關人士這麼說：

和歌山市民圖書館的指定管理者只是假裝公開招募而已，當時只有業界龍頭的TRC（圖書館流通中心）與CCC對決，但最終由CCC獲得壓倒性的勝利。也因此流出「市政府該不會一開始就決定給CCC了吧？」的傳聞，加上CCC後來確實提供了由RIA重劃站前地區的計畫。市政府有可能認為能夠帶動繁榮的蔦屋圖書館比較有機會得到巨額補助。

串連和歌山市民圖書館搬遷計畫與國土交通省的兩名關鍵人物

從和歌山市與和歌山縣公開的武雄市元祖蔦屋圖書館視察出差申請單，還發現了另一個重大的線索，幫助我了解這個巨額補貼計畫的幕後黑手是誰。

根據武雄市的紀錄得知，視察武雄市的和歌山市視察團共有十五人，公家機關的部分，和歌山市的公家人員有四位，和歌山縣廳有三位，加起來為七位。而我仔細閱讀和歌山縣提供的出差申請單，發現裡面特別顯眼的是縣都市住宅局都市政策課長（時任）皆川武士（圖9）。

我進一步調查之後得知，皆川課長原本並非縣廳的人，而是於二〇一二年，基於人事交流的名義，從國土交通省派來的年輕職業官僚（通過國家考試的官僚）。當時的皆川課長才三十幾歲，不太符合一般人口中的「肥貓官僚」，但不可諱言的是，他仍是由中央官廳安插至地方政府的人馬。

南海和歌山市駅周辺活性化調整会議

日時	平成26年11月11日（火）9:00～10:10
場所	中央公民館　1階　会議室
出席者	（市・都市計画部）：中西専門監、上田課長、出 中野企画員、堀口主任 （県・都市住宅局）：皆川課長、加茂主幹、川[（南海・経営企画部）：[redacted]、[redacted] （アール・アイ・エー）：[redacted]

【圖9】時任和歌山縣都市住宅局都市政策課長的皆川武士前往武雄市圖書館視察的出差申請單。

南海和歌山市駅周辺活性化調整会議

日時	平成26年11月11日（火）9:00～10:10
場所	中央公民館　1階　会議室
出席者	（市・都市計画部）：中西専門監、上田課長、出 中野企画員、堀口主任 （県・都市住宅局）：皆川課長、加茂主幹、川[（南海・経営企画部）：[redacted]、[redacted] （アール・アイ・エー）：[redacted]

【圖10】記載出席者的「南海和歌山市站周邊活化會議幹事會紀錄」

就連行政機關與負責開發的南海電鐵定期召開的「調整會議」，皆川課長也是從一開始計畫通過之際，就幾乎每次都出席（圖10）。

再進一步調查，會發現皆川課長在以蔦屋圖書館為主軸的和歌山市站前重劃計畫之中扮演了重要的角色。他在二〇一五年七月卸任回到國交省的時候，在地媒體報導「皆川課長於任期之內（中略）為和歌山市站前重劃計畫鋪好了路」。這到底是什麼意思呢？採訪周遭人士之後，就會發現國土交通省其實是這項計畫的幕後黑手。

這項以新圖書館作為賣點的和歌山市站前重劃計畫在當時至少可以取得六十四億日圓的

補助，其中一半的三十二億日圓由中央政府支出。從和歌山市站前重劃計畫於二〇一六年，被認定為國土交通省管轄的社會資本綜合整備計畫事業這點來看，這項計畫之所以能夠獲得巨額的補助，來自國土交通省的皆川課長肯定在其中扮演了相當重要的角色，這也算是合情合理的推測吧。

第二個重點是，與國家補貼綁在一起的政治關係。和歌山市總共派了四名人員前往武雄市視察，進一步分析這四人的身分，就會發現其中有位關鍵人物。他就是和歌山市都市計畫部的「部長級」人物中西達彥。地方政府的相關人員如此形容這號人物：

中西先生是以人事交流的名義，從縣廳來到市的都市整備課任職的專業技術官僚。據我所知，他在二〇一六年的時候回到縣廳，擔任縣土整備部的都市住宅局長。

縣廳的都市住宅局，正是前面提到的皆川課長所任職的部門。如果從二〇一四年八月，當選和歌山市長的尾花正啟也是從縣土整備部出來的官員這點來看，能於日後升任該局局長的中西先生，恐怕是尾花市長從縣廳帶出來的「親信」

順帶一提，繼尾花市長之後擔任縣土整備部長的石原康弘與皆川一樣，都是透過人事交流的名義從國土交通省來到和歌山縣廳任職，也與皆川在相同的時間點回到國土交通省，而且皆川在縣廳的職位也是由國土交通省派來的年輕職業官僚接任。

這種由中央派遣職員到縣廳，再由縣廳的技術官僚前往市政府任職的流水線模式，背後到底藏著什麼企圖呢？而且於縣廳任職的職員在成為市長後，執行巨額補貼事業的模式也似乎另有內幕。

在找出皆川與中西這兩位關鍵人物之後，我不得不懷疑在幕後主導總費用高達一百二十三億日圓的和歌山市站前重劃計畫的是國土交通省。

光從一張沒有塗黑的旅程表以及其中的視察紀錄就能推論出，在幕後主導和歌山市站前重劃事業計畫的主角是ＲＩＡ這間建設顧問公司，以及將職員送到縣政府與市政府，主導整個專案的國土交通省。

查到這裡之後，原本一無所獲，準備放棄的筆者也突然充滿了鬥志，這就像是突然有道光射進了黑暗一樣。我本來只打算透過一篇報導揭露大量塗黑的官方文件，但是當我知道和歌山市的調整會議成員一同前往武雄市視察元祖的蔦屋圖書館之後，我便從二〇一八年十月開始，以每月一至二篇報導的方式於「商業時報」追究這個問題，總共追究了一年多。

重劃事業的主要設施「圖書館」被當成申請巨額補助的道具

那麼，為什麼南海電鐵這一介民營業者主導的站前重劃事業（車站大樓翻修）會與建設顧問公司或是中央政府扯上關係呢？當我四處採訪，便漸漸看出中央政府與業者的企圖。

原來這些人一開始就沒打算為市民打造一座具有公益性質的公共圖書館。公家機關的人完全站在這類以市民為優先的政策的對立面。

前面提到的圖書館相關人員告訴我：

要讓計畫得以向國家申請補助，計畫項目就少不了能夠吸引人潮的公共設施，而其中又以圖書館最適合作為吸引人潮的核心設施。於二〇一三年問世的武雄市元祖蔦屋圖書館在成為「一年使用人次達一百萬人的官民合作圖書館」（其實第一年才九十二萬人次）之後聲名大噪，於是便想將這套模式也帶入和歌山市，這簡直就是為了讓站前重劃計畫能夠申請到巨額補助才蓋圖書館。

此外，某位國土交通省的相關人士也為我說明了地方政府與中央省廳的人事交流是怎麼一回事：

市政府幾乎不可能與國土交通省有什麼人事交流，但如果是縣廳的話，就能夠雙方交流。如果是不了解地方政府現況的人物，是無法進入國土交通省任職的，反過來說，要知道國家的制度才能進入地方政府任職，所以雙向的人事交流是有意義的。由於補助制度不斷地修改，所以就支援的意義而言，從中央政府派來的人才往往會受到地方政府重視。

這意思是，要從中央政府手中挖出補貼，就少不了國土交通省的職業官僚幫忙嗎？某位圖書館界的大老從相反的立場為我剖析了中央政府與地方政府之間的關係：

國家推動的緊湊城市計畫（根據都市再生特別措置法推動的立地適正化計畫）正一步步前進。由於圖書館本來就是能夠創造人潮的設施，所以地方政府也紛紛將它納入都市計畫之中，於是以圖書館為賣點的國土交通省、縣政府、建築業者便開始互通聲氣，也與負責管理圖書館的指定管理業者來往，形成在地的業者與公家機關都能得到好處的共犯結構。

就我之前任職的地方政府而言，土木部長也是從中央派下來的官員。我猜多數的大都市都是這樣才對。除了建設之外，中央政府就是透過這種模式從內部統治地方政府。

原來如此，意思是中央政府為了推行政策而將職員送進地方政府，而接受職員的地方政府也能因此從國家申請巨額補助。

為什麼和歌山市會想要重劃和歌山市站呢？某位市議會相關人士為我說明了尾花市長就職的經過：

前市長大橋建一很討厭蓋蚊子館，滿腦子只想著重建財政，所以保守派的人都拿「失落的十二年」來揶揄他。而繼他之後成為市長的是縣政府的縣土整備部長尾花。也因為這樣，所以尾花市長在一開始就備受眾人期待喲。

當時市政府面臨的最大課題，就是如何挽救乘客人數不斷減少的和歌山市站以及車站周邊該如何重劃。當時和歌山市站的乘客人數跌到一天不到兩萬人的程度，相較於一九七二年車站大樓之際的盛況，人數足足少了一半以上，象徵站前地區榮景的高島屋於二〇一三年宣布退出市場後，市議會與縣議會便不斷質詢市中心鬧區空洞化的對策。

就在此時，大橋前市長表明自己不再參選市長，而曾經擔任縣土整備部長的尾花便宣布參選。二〇一三年秋天時年六十歲離開縣廳的尾花，於二〇一四年八月當選市長後，便建立了堅若磐石的政治基礎。

在尾花就任市長前夕，市政府、縣政府與南海電鐵就已經針對和歌山市站重劃計畫進行討論，而這就是會議紀錄幾乎全面塗黑的「南海和歌山市站周邊活化調整會議」。

若單就這點看，尾花市長似乎是在地區經濟急速萎縮之際，被眾人推派出來的門面，成功實現了中央政府與在地政府想要重劃市中心的計畫。

新的市民圖書館將座落在總費用高達一百二十三億日圓的和歌山市站前重劃區。一如前述，負責推動這項重劃事業的南海電鐵將獲得總金額高達六十四億日圓的補助，若加上圖書館建設費的三十億日圓，這項以圖書館為主軸的和歌山市站前重劃事業的補助便高達九十四億日圓之譜。

意思是南海電鐵以不到三十億日圓的自備金就取得了總投資金額高達一百二十三億日圓的站前重劃事業，但肯定沒人能夠立刻回答「和歌山市民是否能夠得到與九十四億日圓的補貼相符的福利？」這個再簡單不過的問題了。

第二章

由公開文件揭露的地方政府荒腔走板的政策

「不公開的理由」只是將資訊公開條例的例外規定複製貼上

如果市民向公家機關詢問行政方面的事情，而公家機關不想公開的話，通常都會用一些話術敷衍過去。不過，若是根據資訊公開條例針對同一個問題提出申請，公家機關就不得不公開既有的書面資料。假設這套制度能夠正常運作，政界、官界、財界就不太可能發生勾結和貪瀆，也就不會爆發那麼多醜聞。

這是因為任職於公家機關的職員從一開始就知道，如果做了讓市民產生疑惑的行為，沒多久就會因為被申請將資料公開而東窗事發，也會因此遭到撻伐，有時候甚至還會因為違法而被追究責任。所以公家機關在推行可能產生誤會的事業時，都會詳細記錄整個流程，確保一切公開透明。

不過，實際的情況並非如此。雖然公家機關越來越願意公開資訊，一般的市民也能隨時索取想要的資訊，但是這幾年來，卻屢屢發生本該存在的官方文件被報廢或是塗黑的醜聞，例如森友學園土地賤賣案文件、櫻會推薦名單、安倍前總理國葬出席名單等等。為什麼資訊公開制度未能正常運作？為什麼市民申請的書面資料不是報廢就是全面塗黑呢？

筆者打算以親身經歷為大家介紹其中的基本機制。

二〇一八年四月，筆者以「請針對來年預定開幕的市民圖書館，提供與南海電鐵討論的所有書面資料」為由，向和歌山市提出資料索取申請，之後，隨著資料一起寄來了「資訊不公開理由」一覽表（圖11）。這份表詳細記載了部分資料塗黑的理由。

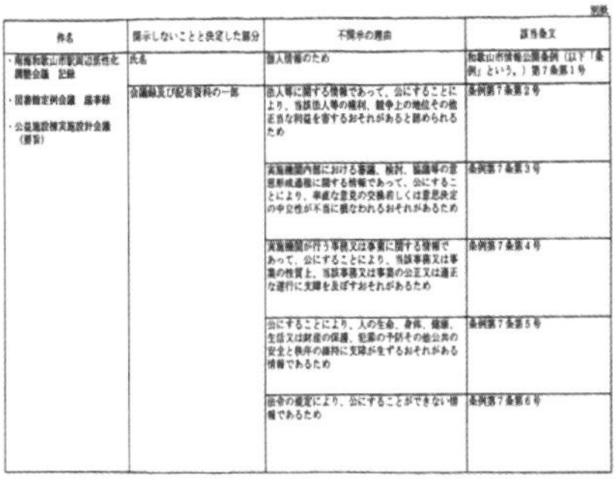
別紙

件名	開示しないことと決定した部分	不開示の理由	該当条文
・南海和歌山市駅周辺活性化調整会議　記録 ・図書館定例会議　議事録 ・公益施設等実施設計会議（要旨）	氏名	個人情報のため	和歌山市情報公開条例（以下「条例」という。）第7条第1号
	会議録及び配布資料の一部	法人等に関する情報であって、公にすることにより、当該法人等の権利、競争上の地位その他正当な利益を害するおそれがあると認められるため	条例第7条第2号
		実施機関内部における審議、検討、協議等の意思形成過程に関する情報であって、公にすることにより、率直な意見の交換若しくは意思決定の中立性が不当に損なわれるおそれがあるため	条例第7条第3号
		実施機関が行う事務又は事業に関する情報であって、公にすることにより、当該事務又は事業の性質上、当該事務又は事業の公正又は適正な遂行に支障を及ぼすおそれがあるため	条例第7条第4号
		公にすることにより、人の生命、身体、健康、生活又は財産の保護、犯罪の予防その他公共の安全と秩序の維持に支障が生ずるおそれがある情報であるため	条例第7条第5号
		法令の規定により、公にすることができない情報であるため	条例第7条第6号

【圖 11】資訊不公開理由一覽表。列出了在和歌山市資訊公開條例之中，得以不需公開資訊的條例的 1 號～ 6 號。儘管所有條例都用上了，卻沒說明哪個部分是對應哪個條例。

簡單來說，由上而下依序為①「個人資訊不公開」（公家機關不得擅自提供個人資訊）、②「企業機密不公開」、③「公開之後，不利於意見正常交流」這幾點理由。

至於剩下的三個資訊不公開理由，我反覆讀過卻還是不明究理。

話說回來，這些資訊不公開理由到底適用於官方文件中的哪些部分也沒說清楚，感覺上就只是硬將條列套用上去而已。

最主要的資訊不公開理由當然是②的企業機密。我心想，這部分應該已經問過書面資料提及的業者是否可以公開，所以便問了市民圖書館資訊公開負責人這件事，對方也告訴我「當然，我們已透過電話確認對方的意思」，而當我申請證明這點的相關書面資料之後，收到了圖12的「口頭意見聽取記錄票」。雖然「意見聽取結果」的字體小得難以閱讀，不過都寫著下列這類內容：

「法人的相關資料若是公開，可能造成該法人的權利、競爭力與其他正當利益受損，故不公開。」

據說這是市民圖書館負責人打電話向ＲＩＡ與南海電鐵確認之後所得到的回答，而且這兩間公司在接到市政府打來確認資訊是否公開的電話之後，一字不差地給

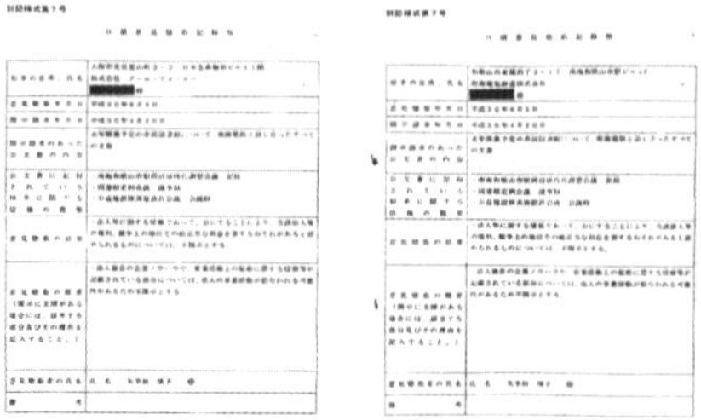

【圖 12】證明和歌山市曾向 RIA 與南海電鐵確認意願的「口頭意見聽取記錄票」。「意見聽取結果」的部分都是相同的內容。

出了相同的回答。

就算業者無法具體指定多達一千四百頁的公開資料有哪些部分不得公開，至少也該透過一些例子說明「希望這類資訊不要公開」才對，沒想到連這類互動都沒有。這不禁讓我覺得，這種確認資訊是否公開的步驟只是個形式，業者只希望「一切交給和歌山市決定，請妥善處理」而已。

此外，筆者也曾採訪南海電鐵的相關負責人，結果對方跟我說「我們從來沒提過哪個部分要塗黑，真要說的話，頂多就是希望單價的部分能夠不公開」，也承認他們幾乎沒指定要不公開的部分。

重新檢視和歌山市資訊公開條例之後，第7條1號～6號列舉了發現了不公開也沒關係的例外資訊，其中包含①個人資訊、②企業機密、③共識形成過程的資訊、④有礙事業公正推行的資訊、⑤有礙公共安全與秩序的資訊、⑥受限於其他法令或條例而不得公開的資訊。這與前面提到的資訊不公開理由一覽表的內容幾乎一致，更精準地說，資訊不公開的理由只是將條例的內容原封不動地複製貼上而已。

換言之，從上述的例子可以得知，和歌山市提出了所有例外的規定，為的是將書面資料全部塗黑。

順帶一提，除了和歌山市之外，全國各地的地方政府的資訊公開條例幾乎都有相同的規定，儘管字面有些微的差異，但都以相同的方式指定了不一定得公開的資訊。此外，以中央行政機關為對象的行政機關資訊公開法也有類似的規定，雖然字面有所差異，但語義大致相同（圖表5）。

由此可知，中央政府或是地方政府的資訊公開制度都開了「後門」，讓公

【圖表5】「行政機關資訊公開法」規定的「不公開資訊類型」（從總務省網站「資訊公開法制的概要」轉載而來的內容）

1	可識別特定個人的個人資訊。但不包含基於法令規定或是依慣例公開的資訊、公務員、獨立行政法人職員的資訊。
2	法人相關資訊。例如一旦公開會損害法人正常利益的資訊，或是附設不公開條件的任意提供資訊，以及依照慣例不予公開的資訊。
3	經行政機關首長確認，一旦公開就會危及國安，損及國與國信賴關係的行政文書資訊。
4	經行政機關首長確認，一旦公開就會不利防堵犯罪，以及維護公共安全或秩序的行政文書資訊。
5	公家機關、獨立行政法人或是地方公共團體內部互相審議與檢討的相關資訊。一旦公開有可能不利於意見交流的資訊。
6	公家機關、獨立行政法人及地方公共團體的業務或事業相關資訊，一旦公開，有可能妨礙該事務或業務推行的資訊。

家機關可自行決定公開哪些資訊，至於這套制度能否正常運作，取決於負責提供相關公開資訊的職員對於這套制度的理解有多深與良知。

地方政府職員對於制度不夠理解，導致塗黑的書面資料與日俱增

到底為什麼，地方政府的資訊公開制度無法為民服務呢？

透過市民參與的方式，打造公民社會的NPO法人「Machi-Pot」的理事伊藤久雄曾指出，地方政府提供的公開資訊之所以多為塗黑，在於地方政府職員對於制度的理解不足。

負責資訊公開業務的職員雖然熟知制度，但實際決定哪些部分可以公開的是負責該事業的課。而各部門的職員對於制度的認識不足，所以常常不小心公開不符合制度的資訊。

之所以會如此難以判斷哪些資訊可以公開，是因為地方政府不像法院，未累積「這種情況，就該公開這類資訊的判例」。有些地方政府很少遇到民眾索取資訊，所以也很少遇到民眾因為不服而申請審查的例子，一切只能交由職員根據當下的情況決定，各組織內都沒有累積足夠的經驗建立判斷基準，這便是職員無法判斷哪些資訊可以公開的一大原因。

反過來說，如果地方政府的職員能進一步了解資訊公開制度，結果就會大不相同，伊藤先生對此提到了二〇二一年向東京都府中市申請市民會館、中央圖書館複合設施 Lumiere 府中（ルミエール府中）PFI事業相關資訊的例子。所謂的PFI（Private Finance Initiative）指的是將公共設施的設計、建造、維護、經營全交給特定專家集團（Consortium，聯盟）的新手法，這種方式的優點在於能提供比地方政府包辦一切更優質的公共服務。

即將於二〇二二年九月迎來十五年期滿的 Lumiere 府中PFI事業，預定從二〇二一年四月開始，公開招募負責第二期經營相關業務的業者，所以我於二〇二〇年十一月便向東京都府中市申請，驗證目前事業現況與營運支援業務委託者選拔標準的書面資料。到了下個月，我收到了約七百頁的書面資料，其中有一半以上都未公開，也就是被塗黑，所以我又於二〇二一年一月申請審查，結果一個月之後，在諮詢審查會之前，府中市就通知我，資訊不公開的範圍有所變更，原本被塗黑的部分也得以局部公開。

就算收到了部分塗黑的書面資料，也不能就此放棄，還是得申請審查，與市政府的職員一起放寬可公開的範圍。就算收到了塗黑的資訊，向審查會提出申訴，往往有機會推翻之前的結果。

伊藤先生提到，針對資訊公開結果申請審查，比起提出住民監察請求對於地方政府違法事項、不當支出所提出申訴要來得更容易，市民也比較能得到有利的結果。

審查住民監察請求的監查委員有一半會成為議員，剩下的一半也多為公家機關的資深職員，所以確實不太可能做出不利於市長的結論。反觀公開資訊的審查申訴就不同，因為審議申訴內容的審查會委員通常是律師這類專家學者，而且通常會有很多位，所以比較不會礙於市長的壓力而做出不適當的結論。換言之，就是比較能夠依照制度的設計，做出適當的結論。

不過，和歌山市規定，只有住在市內或是在和歌山市工作者才能提出審查申訴，所以就筆者的例子來說，在還沒「正式申請」之前就已經先吃了閉門羹，不管怎麼努力，也無法繼續向前突破。

儘管和歌山接受非市民的「資料申請」，但充其量這只是未受條例規範，方便民眾的行為，所以就算民眾對於收到的書面資料有任何不滿，也無法申請審查。

換言之，和歌山市的職員從頭到尾都不擔心筆者在收到資料之後提出任何審查的申訴，反正再怎麼將書面資料塗黑，之後也不用擔心出問題，這也讓我不禁懷疑是不是因為這樣，負責人才敢如此放肆地塗黑書面資料。

在全國各地申請的資料之中，約有一半都是「塗黑與不予公開的資料」

除了和歌山市之外，其他的地方政府又是怎麼做的呢？一調查便發現令人玩味的事實。根據總務省於二〇一八年三月發表的「資訊公開條例的制定與執行現況調查結果」，對於「不限制」資料申請資格，也就是「開放任何人申請公開資訊」的市區町村占整體的52.6％；反過來說，剩下的47.4％與和歌山市一樣，規定只有當地居民或工作者才能申請資料。

看到這個數據，或許大家會覺得限制申請資格的地方政府比想像來得多，但如果將範圍限縮至政令指定都市，那麼「不限制」資料申請資格的行政區域就會變成100％，所有的政令指定都市開放「任何人申請資料」。此外，若將單位改成都道府縣，「不限制」資料申請資格的比例也高達95.7％。由此可知，人口稠密的都會區以及都道府縣開放「任何人申請資料」，不會因為國籍、住所以及相關的屬性設下限制。

不過，像和歌山市那樣非政令指定都市的縣治為首，限制只有居民或是工作者才有申請資格的地方政府多如雨後春筍，想想也真是不可思議。

實際執行情況究竟如何呢？進一步檢視總務省對於資訊公開現況進行的調查之後，發現全國市區町村總共接到了十四萬五千六百零四件申請公開資料的案件，其中有十四萬一千零一十件公開（圖表6）。而在這些案件之中，「全部公開」者有八萬二千八百零二件，單就比例而言，接近六成的案件公開所有的內容；於內容部分塗黑的「部分公開」則有五萬七千四百四十四件，占四成左右。

由於「塗黑」也算是「部分公開」的分類，所以塗黑的書面資料若高達四成，實在很難就此斷定資訊公開制度正常運作吧。

至於政令指定都市的調查結果，申請公開資訊的案件為四萬三千二百一十七件，公開資料為四萬八千零八十件（包含針對單次資料申請，公開多次資料的情況，所以公開件數會比申請件數還多）。

●市區町村

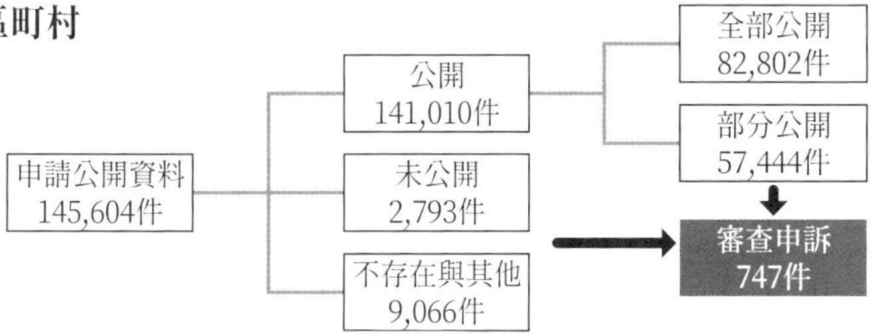

●政令指定都市

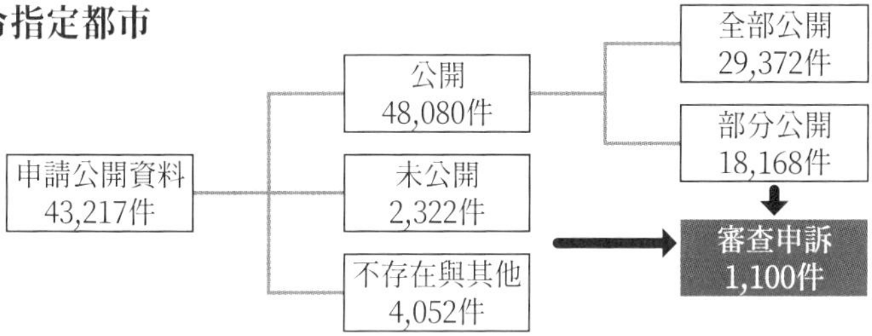

【圖表 6】這是在收到市民的資料申請之後，全國地方政府「公開」與「未公開」的件數（筆者從總務省於 2018 年 3 月發表的「資訊公開條例的制定與執行現況調查結果」摘要資料後再自行繪製）。公開件數的明細（「全部公開」或「部分公開」）除了包含對一次的申請多次公開的情況，也包含只回答公開件數的地方政府，所以合計的比例不會是 100%。此外，所謂的「不存在與其他」指的是申請的書面資料不存在，或是申請者資格不符，無法公開這類理由，而這類理由也都不屬於「未公開」的分類。

在公開資料的四萬八千零八十件之中，「全部公開」的件數為二萬九千三百七十二件，差不多是六成多；「部分公開」則是一萬八千一百六十八件，也有接近四成的比例。由此可以發現，全部公開的比例略高於市區町村。

此外，若從「未公開」占整體資料申請案件的比例來看，市區町村的情況為十四萬五千六百零四件之中有二千七百九十三件，大約為2％左右；反觀政令指定都市，資料申請案件共有四萬三千二百一十七件，而「未公開」為二千三百二十二件，差不多是5％。

其中最令人驚訝的是，因為不滿申請結果而申請審查的件數非常少。市區町村走到申請審查這個階段的案件只有七百四十七件，不到整體資料申請案件（十四萬五千六百零四件）的1％。政令指定都市的情況也差不多，整體資料申請案件為四萬三千二百一十七件，申請審查的件數雖然有一千一百件，但也不過2.5％左右，這意味著大部分的申請者都滿意申請結果，只要公家機關提供一次資料，事情就算告一段落。

由於有可能對一次的資料申請多次公開資料，所以無法根據這份調查結果做出公開率高於九成的結論。此外，「全部公開」與「部分公開」占整體的比例或許說明了一定程度的實際情況，但其中包含了地方政府只回答「公開件數」未回答公開件數明細的情況，所以就算加總兩者的數據，也無法得到100％的結果。希望大家知道，從這些資料頂多只能掌握大致的傾向。

無法確定想要索取的書面資料時，可詢問公家機關的部門

接下來為大家簡單解說一下地方政治的資訊公開制度與申請方法。

第一步，要申請公開資料，必須先到地方政府的資訊公開課的網站（或是都道府縣、市區町村行政機關的資訊公開窗口）下載專用的表格，然後填寫想要索取的書面資料、地址、姓名、聯絡方式、公開方式，再寄到資訊公開課。

如前述，就算不是居民也能向該地方政府申請資料。即使是規定只有在地居民或是工作者才能申請資料的地方政府，依舊能夠在法律規定之外提供服務，也就是能夠自行決定是否提供資訊，只是申請者無法在收到資料之後提出異議，其他的規範與申請資料的規範完全相同。申請書可以透過傳真或是電子郵件的方式寄送。雖然有些地方政府只開放郵寄，但是大部分的地方政府都開放電子郵件寄送。有些地方政府甚至還建立了電子申請系統，這種方式除了不需要確認身分，更不需要事先註冊就能申請。

此時最讓人困惑的，莫過於該怎麼填寫「申請書面資料」的欄位了。大部分的人都不知

道公家機關製作與保存了哪些書面資料，所以很少人能夠明確地提出「請寄這個與那個的資料給我」這類申請，索取特定的書面資料。即使如此，可以先確定自己想知道哪些事情，再打電話給負責的公家機關，詢問對方「如果想知道這類資訊，應該索取哪些書面資料呢？」大部分的職員都會親切地回答，之後只要照著對方的指示填寫即可。

當然也可以用「申請關於○○的書面資料」或是「申請能夠知道市長為什麼不做○○的書面資料」這種單點突破式問法的方式申請書面資料。

此外，「收件人」的部分有可能會依事由而改變，有可能是市長、教育委員會或是人事委員會，如果不知道的話，可以先保持空白（圖13）。公家機關的職員會填上正確的收件人，所以不用太擔心。

申請書填寫完畢後，即可寄送。雖然各地

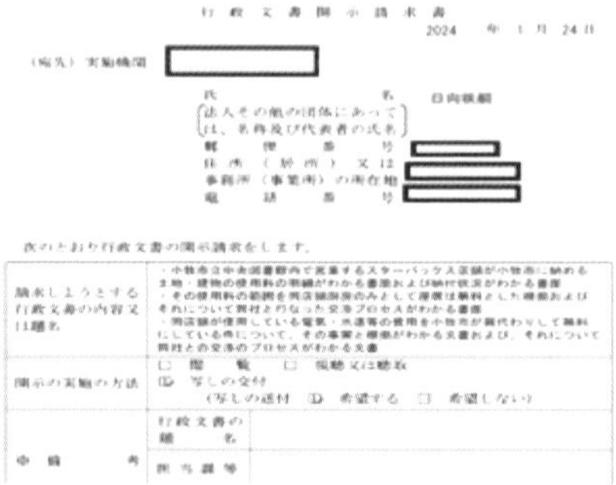

行政文書開示請求書

2024年1月24日

（宛先）実施機関 [redacted]

氏名 日向咲嗣
（法人その他の団体にあっては、名称及び代表者の氏名）
郵便番号 [redacted]
住所（居所）又は事務所（事業所）の所在地 [redacted]
電話番号 [redacted]

次のとおり行政文書の開示請求をします。

請求しようとする行政文書の内容又は題名	・小牧市立中央図書館内で営業するスターバックス店舗が小牧市に納める土地・建物の使用料の明細がわかる書類および納付状況がわかる書類 ・その使用料の範囲を[illegible]のみとして[illegible]は無料とした[illegible]およびそれについて[illegible]となった交渉プロセスがわかる書類 ・同店舗が使用している電気・水道等の費用を小牧市が肩代わりして無料にしている件について、その事實と根拠がわかる文書および、それについて同社との交渉のプロセスがわかる文書	
開示の実施の方法	□閲覧 □視聴又は聴取 ☑写しの交付 （写しの送付 ☑希望する □希望しない）	
申請者	行政文書の題名	
	担当課等	

【圖 13】這是我申請愛知縣小牧市中央圖書館館內星巴克租金資料之際填寫的申請書。我以電子郵件附件的方式將這份申請書寄給總務部的資訊公開負責人。

地方政府的規定不盡相同，但都必須在十四至十五天之內提供申請的書面資料，如果無法依照申請提供資料，就會告知申請結果為「部分公開」、「未公開」、「不存在」還是「延長」，如果是稍微麻煩的內容，通常都會是「延長」。「延長」的意思是，要提供的書面資料過多，無法在期限內提供，需要稍待幾日，此時會收到將延長四十五天（必須在申請資料的六十天之內提供）的書面資料通知（如果是向限制申請資料的地方政府申請資料，通常不會以書信聯繫，而是直接以電話聯繫）。

一旦確定提供資料之後，負責相關事務的公家機關就會依照資料的頁數，請求支付手續費與寄送費，只要依照指示繳費，資料就會送到你的手上。一般來說，都是匯款給指定金融機構、郵政匯票或是報值信函，也就是郵寄現金袋。

順帶一提，大部分地方政府都規定黑白影印一張有十日圓手續費。如果希望以光碟方式寄來資料，通常是一張光碟手續費一百日圓。有些以光碟提供資料的地方政府還會另外收取一張書面資料十日圓的影印費（和歌山市就屬這種），所以當申請的書面資料非常多的時候，就得支付不少費用，還請大家注意這點。

以上就是向地方政府申請特定資料的流程。向中央公家機關寄送資料申請表時，會要求申請者在申請表貼上三百日圓的印花稅票，提供資料的期限也是「三十天之內」，其餘的步驟則與地方政府幾乎相同。

如果收到一堆塗黑的資料，可向資訊公開個人資訊保護審查會提出申訴

如果好不容易收到了需要的書面資料，卻發現這份資料幾乎都塗黑，不具任何意義可言時，還可以申訴（圖14）。這就是所謂的「審查申訴」。

審查申訴的期限為決定通知書送達日隔天起算之內的三個月之內。民眾不需要立刻決定是否要申訴，可以先確定接下來要怎麼做再提出申訴。地方政府的資訊公開課會仔細地告知該如何申訴。如果覺得「這麼多塗黑的地方，太奇怪了吧！」只需要在期限之前提出審查申請書即可。

如此一來，審查申請書就會送到由律師或是其他專家學者組成的「資訊公開個人資訊

教示

1　この処分に不服があるときは、この処分があったことを知った日の翌日から起算して3か月以内に、和歌山市長に対して審査請求をすることができます。ただし、この処分があったことを知った日の翌日から起算して3か月以内であっても、この処分があった日の翌日から起算して1年を経過すると審査請求をすることができなくなります。

【圖 14】在提出公開申請之後，會收到決定通知書。決定通知書的最後都會寫著上述的教示條款（教導、告示人民如何救濟的條款）。如果是寄給非市內居民或通勤族的決定通知書，就不會有上述的教示條款。

保護審查會」，也會開始審查實施機關（地方政府的資訊公開課）塗黑的正當性。如果審查會認為塗黑的正當性不足，就會告訴資訊公開課「這部分應該公開」，地方政府的資訊公開課也會依照指示，公開部分塗黑的內容，再將更新之後的書面資料交付給申請者。

一般來說，從申請審查到得到結果大概需要三個月，但這也視情況而定。之後會進一步提到的是，和歌山市曾經在接到審查申請，到依照審查會的指示公開資料為止，總共花了三年以上的時間。有專家指出，這種拖延的行為擺明就是在鑽法律漏洞。

此外，總務省的報告（不是對市區町村，而是對中央的公家機關）指出，在二〇二二年度的申覆件數（八百零九件）之中，公家機關的判斷被視為不適當的件數（包含部分不適當的情況）為二百零九件（25.8%），換言之，在申請審查的案件之中，有四分之一的案件推翻原本的決定。

「基於企業機密」這種被濫用的塗黑理由通常源自對條例的錯誤解釋

「到底在針對書面資料提出審查之後，究竟會如何進行審查呢？」由於我想知道整個流程，所以便請教了熟知審查細節的專家。

我請教的對象是神奈川大學法學部幸田雅治教授（行政法）。身為總務省官僚的幸田教授長年研究公共經營的法律制度，也曾於東京都中野區、神奈川縣平塚市擔任資訊公開個人資訊保護審查會委員（於平塚市擔任會長）。他指出，在地方政府接到市民的申請，決定部分不公開的情況之中，有許多可以正常公開卻被塗黑的情況。

在接到市民的申請之後，提出塗黑的書面資料算是常見的情況。如果民眾因此提出申訴，這個案子就會移交至資訊公開個人資訊保護審查會，交由我們委員判斷塗黑的行為是否適當，所以審查會在資訊公開制度扮演了重要的角色。

尤其與民營企業有關的案件，更是常將「恐將有損企業競爭力或其他利益」視同企業機密，作為塗黑而不公開的理由。但是幸田教授指出，這通常都是對條例的誤解所造成的。

> 照理說，所謂的競爭方面的利益是指企業特有的技術或經驗，其他企業無法模仿的部分。被認定為企業機密的部分就算被塗黑也是必要之惡。不過在大多數的情況之下，連那些稱不上獨特技術或是經驗的部分也都被默認為「會對競爭力造成影響」的內容，所以若是我參與的審查會，通常會逐條檢視是否真為企業機密，如果不是，就會要求公家機關全部公開。

公家機關應該是覺得多一事不如少一事，只要有遭受批評的風險就不想公開資訊。所以只要是民營企業提出的文件，通常都不會仔細審閱，不然就是把整份文件塗黑。之所以會形成這種現象，主要是申請審查的案件非常少，公家機關的職員也不太在意專家的審查。

此外，幸田教授也主張，在多家企業共同競標公共工程的情況下，除了得標的企業之外，未得標的企業的提案書也應該公開。

有些意見認為，若是被知道無法得標的理由，可能會招致負面評價，所以未得標企業的提案書通常不公開。但仔細想想就會發現，在大部分的情況下，這種邏輯幾乎都不會成立；因為要知道業者是如何從多間企業脫穎而出，除了需要公開得標業者的提案書，更需要公開落選業者的提案書，否則就無從判斷。另一個理由在於就算公開了未得標的事實，也很難證明實際造成企業哪些損害。

雖然得具體證明會造成哪些損害，但在大部分的情況下，都無法證明。如果案子送來審查會，這種理由通常不會成立，至少由我主持的審查會從未承認這種不公開的理由。

除了企業機密之外，幸田教授也提到了哪些事業的資料常常不公開，以及決定不公開的流程：

審議會常將政策形成之前的討論視為達成共識的流程（一旦公開，有可能妨礙意見交流，損及形成決策的中立性），所以這個流程的資訊通常不予公開，但是這類資訊的定義必須非常精準。我覺得形成決策之前的資訊全部不予公開屬於擴大解釋的問題。之前也有將屬於政策意見的資訊與事實資訊分開來，然後基於事實資訊的發言屬於事實的部分，所以必須公開的判例，所以不能夠全部都塗黑，只能讓真的有可能會造成損害的部分塗黑，其餘的應該全部公開才對。不能只是因為有可能造成損害就全部不公開。

被資訊公開個人資訊保護審查會判定不需要塗黑的平塚市案例

在聽完幸田教授的說明之後，筆者突然發覺之前那些塗黑書面資料的理由有多麼粗糙與可惡，甚至覺得公家機關就像是詐騙組織，專騙那些不懂法律的一般人，一般人在聽到公家機關說「這是企業機密，所以不能公開」、「這會有損決策形成的中立性，所以無法提供」、「這是個人資訊，所以無法提供」之後，就算覺得「怪怪的」，也不知道該怎麼反駁，只能默默地在心裡覺得「是這樣嗎？」但從法律專家來看，行政裁量權過度擴大的例子實在多不勝數。

因此我們從個案開始研究吧。這個個案是神奈川縣平塚市龍城丘都市公園整建計畫的官方文件公開過程。其實在二〇一八年負責審查這個案子的資訊公開個人資訊保護審查會，就是由幸田教授擔任會長。到底幸田教授在當時對實施機關（平塚市的資訊公開課）提出什麼意見呢？

平塚市在二〇一七年發表了龍城丘游泳池遺址的公園整建計畫，由於這項計畫準備大肆砍伐海岸林地，所以招致市民反對。長年以來，這片海岸林地保護了居民，不讓大地震造成的海嘯破壞當地，也具有擋住海鹽、海沙與海風的防風林功能，因此這片景觀在市民心中是非常珍貴的財產。

所以某些想進一步了解公園整建計畫的市民便於二〇一八年十月十二日對平塚市提出申請，索取「平成二十九年度實施　龍城丘區公園整建市場情報調查結果所有資料」，結果得到了幾乎全面塗黑的書面資料（圖15）。

【圖 15】平塚市於 2018 年 10 月 26 日提供給市民的市場情報調查結果書面資料共 32 頁，其中除了開頭記載調查目的與實施狀況的兩頁，以及統整最後調查結果的兩頁之外，其餘由業者提出的內容幾乎都塗黑。

在這份提案書之中，平塚市把「建築物與停車場的配置示意圖」全部塗黑。主要的根據是這類資料屬於「一旦公開，將有損該法人或當事人權利、競爭力與其他正當利益」的企業機密，而這類資訊也被定義為不公開也無妨的例外資訊。

將業者提案部分塗黑的實施機關（平塚市的資訊公開課）的主張如下：

①「只要足以證明公開資訊將會危及該法人的競爭力與其餘正當利益，就不需要再具體證明該資訊公開之際，該法人的哪些具體利益將受到損害的事實」，同時也列出了因為請求資訊公開而造成行政訴訟的判例。

②這次的事業在正式立案之前，採用了「市場情報調查」這個判斷市場性的手法，而民營企業的提案有可能記載了該企業特有的手法與經驗，所以必須謹慎處理。就官民對話手法的提案資訊管理而言，國家的方針也有「係企業機密之項事不予公開」相關記載，所以只需要公開提案的主旨與概要即可。

③市場情報調查的目的為調查官民合作事業的可行性，假設以公開民營業者的資料為前

提實施這項調查，擔心資訊外洩的業者就可能不會參加競標，也就無法了解官民合作事業的可行性。

這些理由聽起來都很「冠冕堂皇」，市民也很難予以反駁。

不過，平塚市的資訊公開審查會卻一一駁回實施機關的這些理由，要求平塚市「必須公開建築物與停車場的配置示意圖」，相關的理由如下。

首先要確認的是，平塚市資訊公開條例的基本理念是「保障市民要求公開行政文書的具體權利，讓市民託付市政的市得以遂行說明的責任與義務，藉此讓市民有機會參與市政，讓市民對於市政多一分理解與信賴」，因此「在解釋與運用條例之際，必須徹底尊重市民要求公開行政文書的權利」，這也是資訊公開制度再清楚不過的初衷。

至於被市政府基於條例歸類為企業機密的部分又如何呢？審查會以「需從不同的角度，客觀審查該資訊於該法人的特性、規模、事業活動的定位」為由，審查了這些部分，結果提出了下列的結論（**粗體**為筆者所加）：

在確認本次申請審查的書面資料之後，發現雖然記載了公園設施的配置，卻無從得知法人（筆者註：參與招標的企業）是如何以過去累積的經驗算出該配置為何是最佳配置，抑或該配置為何能夠確保收益。儘管採用了根據市場探盤提出的提案書的內容，從實施機關制定的「公募設置等方針」（筆者註：地方政府制定的PFI事業招標條件），以及以該方針重新公開招募，挑選公開招募候選者的流程來看，**實施機關必須公開業者提出了哪些提案，也必須公開實施機關採用業者提案的標準，而這些本來就是應該公開的資訊**，市民才得以判斷實施機關是否制定了兼具公正與中立的「公募設置等方針」。

其次，審議會在聽取實施機關的意見，決定是否接納市民的申訴之際，得知未基於條例第11條第1項的規定給予法人是否答應公開本次書面資料與提出意見的機會，所以審查會根據條例第19條第4項的規定，向法人尋求是否公開資料的意見，也從客觀的角度確認該意見是否有損法人的正當利益。**儘管三個法人都不同意公開，但**

是審查會認為擔心提案被其他法人模仿的疑慮，充其量是主觀而抽象的推論。實施機關雖然主張，公開本案的書面資料將使得該法人的資訊被競爭對手收集，進而透過競業活動使該法人陷入不利競爭的劣勢，**但從客觀的角度來看，無法具體證實該法人的競爭優勢受到哪些具體侵害**。

因此，本案的書面資料不屬於條例第5條第2號的例外資訊，應該予以公開。

簡單來說，市政府沒有審慎檢閱民營企業的提案內容，只以提案內容有許多重要的企業機密而認為將這些部分全部塗黑是妥當的處置，審查會認為這種做法並不妥當，應回歸到條例的基本理念，審慎檢視這些內容是否真的屬於條例規範的非公開資訊。

由於這些內容無法被歸類為重要的企業機密，最終審查會做出了「應該公開這些資料」的申覆。

幸田教授對於企業提案書的內容不得公開的理由提出了下列的警告：

由於是以不需要公開為前提而隨意提出的書面資料，所以不能公開的案例非常多，但這個邏輯只適用於調查飛機或火車事故的調查委員會。因為追究相關人士的個人刑事責任將無從得知造成事故的原因，因此才會為了調查正確的事故原因，而以不公開為前提進行調查。不過，一般的官方文件不適用這種限制，就算適用這種限制，該公開的資料還是必須公開。

承上所述，本案的書面資料幾乎都被平塚市塗黑，而這份書面資料之中的「建築物與停車場的配置示意圖」究竟屬於何種內容呢？筆者接觸了當時申請審查的市民團體，取得被審查會判定需要全部公開的書面資料之後，才知道實施機關的主張有多麼愚蠢。

請大家看一下圖16。這是那份文書資料的部分內容，再怎麼看都只是一般的配置圖。沒想到地方政府居然把這種內容當成提案企業的機密，然後還全部塗黑，這就是地方政府資訊公開制度的現況。

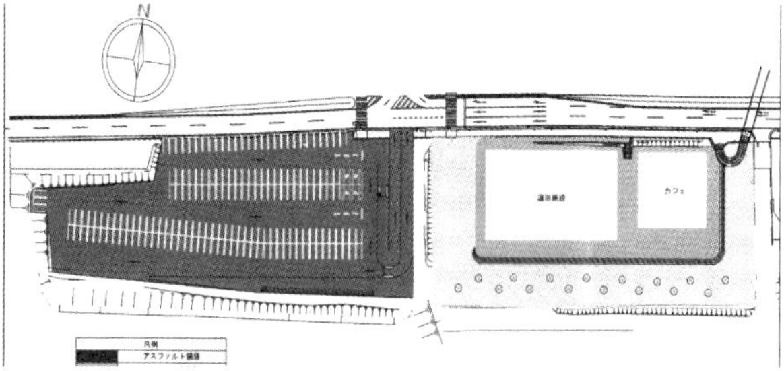

【圖 16】這是在本案書面資料之中的「建築物與停車場的配置示意圖」的一部分。再怎麼看都是再平凡不過的配置圖，哪裡稱得上是什麼珍貴的企業機密。

資訊公開清算所（情報公開クリアリングハウス）的三木由季子理事長針對「為什麼越來越多這種將企業機密當成塗黑理由的案例呢？」這個問題給了下列的答案：

與其說增加，不如說問題出在「民間法人對於資訊公布的可接受範圍到底到什麼程度」並沒有明確的解釋。以公共設施為例，只因為設施或是經營相關資訊為民間法人資訊就不予公開，實在說不過去，這應該屬於「可接受範圍」的資料才對。如果是由地方政府直接經營的設施就無法不公開，但如果交由民營企業經營就可以不用公開。換言之，明明是公共服務，卻因為經營者的不同，導致資訊公開或是不公開，我認為這點本身就是問題。

審查會的結論應該也會隨著地方政府而大幅改變。如果此言屬實，樂意公開資訊的地方政府與反其道而行的地方政府之間，豈不是有著明顯的落差嗎？幸田教授也指出，審查會的結論會隨著各地方政府公布的資訊公開條例而改變：

各地地方政府的資訊公開條例都有些許的不同。比方說，有著「一旦公開將造成明顯的問題」這種用詞強烈的規範，但符合的內容應該非常少。如果審查會以這種條例審查也很奇怪，所以基本上審查會都是根據各地方政府的條例進行審查。最後的審查意見書，由事務局撰寫原案，再由委員針對原案陳述意見的地方政府，與由委員自行撰寫審查意見書的地方政府大不相同。大部分的地方政府屬於前者，但如果是後者，也就是由委員自行撰寫審查意見書的地方政府，委員必須具備法律專業知識，否則就無法勝任，因此做出的結論也更具公信力。

此外，資訊公開個人資訊保護審查會的委員基本上由市長推薦，會長則通常由委員互相選出。

第三章

於檯面下不斷展開「政府機構vs市民」的資訊揭露攻防戰

和歌山市市民團體想透過審查申請釐清的兩個重點

目前有管道可以對公家機關的決定提出申訴。如果無法認同資訊公開的結果可申請審查。不過，如第二章所述，在全國的市區町村申請資訊公開的案件之中，申請審查的案件不到1%，大部分的申請者都未提出申訴，取得書面資料之後就沒有下文。

老實說，哪怕是客套話，也很難說公家機關願意積極公開資訊。可想見有不少地方政府根本不想花時間審閱資料，只是憑當下的感覺塗黑之後可能會引發問題的內容。所以若沒有申請審查，又怎麼能夠期待資訊公開制度正常運作呢。

話說回來，大部分的市民在潛意識裡，害怕跟公家機關唱反調，但這就跟打官司一樣，過程很麻煩又需要專業知識，而且就算申請審查，也不見得就能勝過地方政府，而這樣的成見也讓人覺得向公家機關索取資料是很困難的事情。

不過就實務而言，就算缺乏專業知識，只要能有條不紊地反駁公家機關那些不合理的決定，也就能讓塗黑的部分（部分不公開的內容）重見天日。此外，宛如視資訊公開制度如無物的實施方式，已像是病毒般於各地地方政府蔓延。讓我們一起了解這套制度的實施現況吧。

在此，讓我們回到和歌山市民圖書館的話題。

由於筆者不是和歌山市的市民，所以就算和歌山市不公開資料，筆者也無法申請審查，但是，針對蔦屋圖書館問題交換意見的和歌山市市民團體「市民圖書館研究會」（學習會代表為中村行子）曾於二〇一八至二〇一九年申請了兩次審查。

第一次是於二〇一八年三月二日申請。市民圖書館研究會於CCC被挑選為市民圖書館指定管理者之後沒多久的二〇一七年十二月四日提出申請，要求取得新市民圖書館指定管理者選拔過程相關資料，卻在二〇一八年二月一日取得了二百一十頁的書面資料之後發現，一半以上的內容幾乎已經塗黑，所以他們便申請審查，希望能夠公開所有的書面資料。此時公開的書面資料有兩個重點。

第一個重點是，評審委員的評分標準疑似不公平。

請大家看一下圖表7。內容是五位評審委員給予各業者的評分。一如前述，與CCC競

【圖表 7】這是於 2017 年 11 月 24 日召開的和歌山市民圖書館指定管理者選拔會議的評分表。在五位評委之中，有三位的給分只有 10 分左右的差距，唯獨 D 評委讓 CCC 領先 76 分，E 評委也給了 20 分的差距。評委共由 2 位市的職員與 3 位外部人士組成。

CCC（Culture Convenience Club）的評分

審查項目（配分）	評審委員					合計
	A	B	C	D	E	
和歌山市民圖書館經營基本方針與理念（30）	24	18	30	30	24	126
和歌山市民圖書館經營措施（80）	65	56	70	65	57	313
空間意象的提案（30）	24	24	30	30	30	138
自主事業實施方案（40）	30	32	36	40	34	172
提案價格的評分（100）	100	100	100	100	100	500
合計（280）	243	230	266	265	245	1,249

TRC（圖書館流通中心）的評分

和歌山市民圖書館經營基本方針與理念（30）	24	24	24	12	18	102
和歌山市民圖書館經營措施（80）	72	69	75	54	58	328
空間意象的提案（30）	24	18	24	12	24	102
自主事業實施方案（40）	26	32	34	12	26	130
提案價格的評分（100）	99	99	99	99	99	495
合計（280）	245	242	256	189	225	1,157

兩間公司的得分差距（CCC-TRC）	-2	-12	10	76	20	92

爭的是TRC（圖書館流通中心）。

五位評審在審查提案書與接受簡報之後，CCC在綜合分數的部分取得壓倒性的勝利，但如果進一步觀察每位評審的評分結果，會發現某位委員給予TRC特別低分，以及給予CCC特別高分。明明其他委員的評分只有2～20分的差異，唯獨該委員讓CCC領先了76分（若以滿分一百分計算，TRC幾乎每個項目都只有30分或40分，而CCC卻在五個項目之中，有四個項目拿下滿分）。

其實在二〇一七年十一月二十四日，CCC與TRC一對一的簡報也向市民公開。早在這場簡報之前，就已經傳出「指定管理者早已內定」的傳聞，而和歌山市為了破除這個傳聞才決定於市民面前進行簡報，沒想到卻弄巧成拙，因為大部分旁聽的市民都覺得「TRC的簡報比較好」。不過最終揭曉結果後，居然是CCC獲得壓倒性的勝利，也讓不少市民懷疑這個結果。到底是哪位評審給CCC那麼高的分數？這位評審是不是從CCC收了什麼好處？所以不得不在審查的時候給予高分？越來越多市民為了知道真相，希望公開業者選拔過程所有的書面資料。

第二個重點是，業者的提案書總共有二百一十頁，而市民申請這份資料之後，居然得到了一百八十頁塗黑的書面資料，比例高達八成多。

所謂的提案書，是企業被選拔為指定管理者之後，將會如何經營圖書館的企劃書，也具有與市民之間約定的意義。但市民居然完全無法看到這份書面資料的內容，再怎麼說都無法接受。明明指定管理者的招募要項中明文規定「若市民申請業者提出的招募文件，和歌山市必須依照資訊公開條例公開」，業者也在答應這項要求之後參與投標，事後居然以「企業機密」為由不公開，真的太奇怪了。這也是「市民圖書館研究會」決定申請審查的理由。

資訊公開個人資訊保護審查會有八成的機率贊成市民團體的主張

「市民圖書館研究會」於二〇一八年三月二日申請審查後，資訊公開個人資訊保護審查會於兩年半後的二〇二〇年九月四日，將交給市教育委會員的審查意見書的副本寄給市民圖書館研究會。

仔細檢視這份審查意見書可以發現，市民圖書館研究會的主張有八成得到贊成，若以打官司比喻，這雖然不算是「完全勝利」，但至少可稱為「幾乎全面勝利」的結果。

在此為大家列出其中的重點。

第一，以資訊公開條例規定的個人資訊為由，隨意塗黑的部分應部分公開。至於「不會侵害當事人權益而可以公開的資訊」，或「即使侵犯個人權益，但公開後的公益優於個人權益而必須公開的資訊」的部分，援引了例外條例的但書，於事業計畫書刊載的個人新聞報導，不屬於侵犯個人權益的內容而是已經公開的內容，所以不該塗黑。

第二，審查會針對企業機密的部分提出「不能只因有可能損及法人在其事業活動的利益而不予公開，必須具體指出哪些利益受到損害」的意見，也說明其他地方政府對此早有「前例」可循。此外，審查會也透過實施機關（市教委）向兩名業者確認哪些權益可能遭受侵害之後，撰寫了「業者同意公開的部分」。換言之，當審查會向業者提出「這些全部都是企業機密嗎？」的疑問後，業者回答「啊，這邊跟那邊公開也沒問題」。

除此之外，和歌山市的資訊公開審查會還進一步審查內容，比方說，審查會在業者回答了「哪些是不可公開的部分」，針對「一般又抽象的部分」、「圖書館開幕之後就自動公開的部分」、「其他圖書館也有相同措施的部分」提出「上述這些部分即使公開，也不會損及該業者權益，所以應予以公開」的結論。

此外，「有鑑於指定管理者的業務是代替市政府管理與經營公共設施，具有高度的公共性質，所以除了該揭露選拔指定管理者的過程，也必須負起責任向市民說明各業者的提案內容」。結論就是「招標要件指出，除了原則上不予公開的資料之外，業者提出的資料都應該向大眾公開，向市民說明的責任也比法人的利益受損更加優先，所以這類資料應該予以公開」。就這點來說，審查會算是全面贊成「市民圖書館研究會」的主張。

第三個重點是，評審委員會的會議紀錄（簡報提問或是其他紀錄）之中的委員姓名。儘管市政府認為公開委員姓名有可能令委員不敢再於類似的選拔會議坦率地表達意見，以及做出適當的評鑑（條例第七條第四款：有礙事業公正推行的資訊），故將委員姓名以及可辨識委員身分的發言塗黑，但審查會認為，這種意見雖然「妥當」，但就算可從發言推測發言者的身分，只要「該內容沒有不能公開的理由，就應該予以公開」；此外，就算是能辨識發言者的特定內容，「也不該把該發言者的發言內容全部塗黑，而是該盡可能縮小範圍，只將可辨識發言者身分的內容塗黑」。

若從資訊公開制度的立意來看，審查會針對「市民圖書館研究會」的第一次審查申請所提出的意見，都是再平常不過的常識，但只是因為塗黑的部分實在太多，導致市民圖書館研究會的主張獲得更多認同。

在審查會提出意見之後，再檢視於二〇二一年一月公開的書面資料，就會發現原本幾乎全面塗黑，只剩下標題與小標能夠辨識的部分有九成以上公開，而這些部分都是CCC與TRC提出的內容（圖17）。

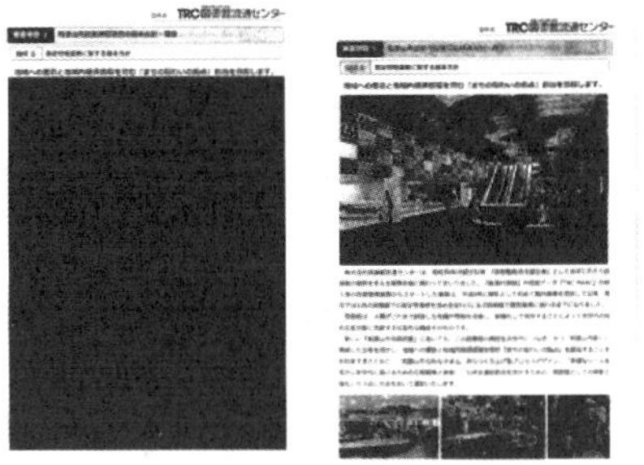

【圖 17】申請審查之後取得的官方文件（右）與一開始取得的塗黑官方文件（左）。

最終只剩下問卷調查結果的數字、工作手冊、檢查表這類資料被塗黑，改善至完全不會影響閱讀的程度。

實行機關常以提出的事業計畫書是「著作物」為由，希望這類書面資料能夠不予公開，但審查會通常會以「這些事業計畫書引用的是公開的著作，所以就算公開也不會侵犯著作權」這個理由，斷然駁回實施機關的意見。這個結果對於CCC來說，肯定是相當震驚。

業者在參加指定管理者的甄選時，必須向地方政府提出事業計畫書這類提案書，而這類提案書一旦製作好，之後幾乎都可以沿用，但是當這類提案書被迫公開，以後就很難再沿用。

如果是TSUTAYA的加盟門市，傳授給加盟門市的營業祕訣的確是CCC的智慧財產，但是審查會認為，在公共利益的世界裡，向市民說明的責任高於一切，這可說是正確無誤的意見。

給予異常分數的人物未被公開姓名

不過，我對審查會這次的意見也不是完全沒有不滿之處。

筆者覺得有些不滿的部分是，民營業者的負責人姓名都被定義為個人資訊，變得這類資訊需要討論是否公開。最終，在選拔會議的會議紀錄之中被塗黑的CCC負責人高橋聰的姓名還是公開了，但這不過是因為他是法人的代表，只要查詢商業登記，任誰都能查到。

不過，高橋於二〇一三年佐賀縣武雄市第一座蔦屋圖書館開幕之後，就頻繁地接受各種媒體採訪（於二〇一五年十月擔任神奈川縣海老名市立中央圖書館館長）之後，他的名字就變成「眾所周知之事」。不顧這項事實，只以他是法人的董事而公開他的姓名，我認為是非常不適切的做法。

在這次申訴之後，和歌山市民圖書館於二〇二〇年六月正式開幕，館長與總經理可在自己覺得方便的時候才在媒體曝光自己的姓名，但是在市民申請的書面資料之中，他們的姓名卻全部塗黑，想想還真是不符比例的措施。

或許是因為如此，本該在就任時向市民問好的圖書館館長的名字在官方文件之中全部被塗黑，而這種不合常理的情況至今仍未得到改善。

和歌山市的資訊公開審查會直到最後都沒認為應該公開的資料是，那位讓CCC領先76分的評委的姓名。由於選拔委員會的名冊是公開的，所以三位民間人士與其他兩位市政府職員的姓名或是職稱都能查得到，但評分表只有A至E的標示。

如果直接就選拔委員名冊的順序來看，評分有異的D評委有可能是產業造鎮局長的X，而當我調查X先生的相關經歷，便發現他與CCC的增田社長（時任）於同一所大學畢業，他們很有可能透過同學會而結識，只不過我沒辦法再取得進一步的資訊。

就在這時候，我突然得到在資訊公開審查會提出審查意見書的一年半之前的二〇一九年三月，X突然提前退休的消息。我猜想這或許是因為CCC為了報答他，讓他去子公司擔任高官，所以他才提前退休，所以我便直接打電話到他家，詢問他擔任CCC子公司高官一事，沒想到他居然一笑置之，完全否認自己在選拔委員會給予CCC高分這件事，也完全否認自己與增田社長有私交。不過筆者在打完這通電話之後，對X的印象有所改觀，也開始懷疑給CCC高分的另有其人。

當我再次確認調整會議的會議紀錄之後，發現X從未出席該會議，頂多就是在二〇一七年市政府指定CCC為指定管理者的時候，他剛好是當時的局長。由於他完全沒參與從二〇一四年開始的重劃事業構思過程，所以筆者得出「他很難為了蔦屋圖書館而採取任何行動」的結論。

在兩年後的二〇二一年四月，筆者為了別件事再次打電話給擔任和歌山大學特聘教授的X先生，也於此時為了在部落格與「商業時報」將他寫成問題人物這件事向他賠罪。到底給予CCC高分的D是誰？至今仍是未解之謎。

順帶一提，在選拔CCC的五位評委之中，除了X之外，還有一位市政府的職員Y。這位Y先生於二〇二一年三月在市教委部長任上退休。雖然我無法確認Y是否去了CCC的子公司擔任高官，但是在前一年新市民圖書館正式開幕前夕，他曾與CCC的高橋一起在《都市經營與圖書館》這本由大學教授編撰的書籍擔任聯名作者。其在職期間，也曾與指定管理者的企業合作，與該企業的員工一起出版專業書籍，這些行為都很容易引來不必要的誤解，所以會被誤會也無可奈何吧。

此外，「市民圖書館研究會」在第一次申請審查之後，又於二〇一九年三月十一日申請審查，這就是筆者稱為「第二次審查申請」的案例，主要與第四章介紹的「啟人疑竇的競標紀錄」有關，詳情留待第四章的時候介紹。

不顧市民意見，逕自挑選指定管理者的「不知火文化廣場」

接著想針對向資訊公開個人資訊保護審查會申請審查的現況，另外介紹一個極度不適切的案例。筆者在這個案例之前，已經接觸過許多地方政府指定管理者的案例，但是最讓我啞然失色的案例莫過於熊本縣宇城市。

宇城市於二〇二〇年十一月，委託ＣＣＣ成為市立圖書館暨美術館的複合設施「不知火文化廣場」的指定管理者（不是重新建造，而是由ＣＣＣ整修現存建築物，再於二〇二一年四月重新開幕）。

照理說，這種大規模翻新圖書館與美術館的案子都會先徵詢公眾意見（Public Comment），擬定相關的翻修計畫與基本構想，再挑選撰寫相關計畫或構想的業者。業者也會擬定足以反映市民意見的計畫，再依照計畫翻修建築物，或是建造新的建築物。俟完工之後，再分別替圖書館或美術館挑選指定管理者。

在上述的流程之中，每個決策與費用的支出都必須得到議會或教育委員會的許可，但是宇城市的案子卻沒有上述這個流程，直到計畫實施之前，圖書館與美術館的聯合協議會只舉辦了幾次，稍微討論了指定管理者的招募事項，之後就跳過徵詢公眾意見的步驟，突然甄選指定管理者，然後CCC就獲選為指定管理者。當地居民珍惜的文化設施在一夕之間，突然變成蔦屋圖書館與蔦屋美術館，這對市民來說，真的是有如晴天霹靂的事件。

更糟的是，十一月二十六日發表了CCC被選為指定管理者候補的消息之後，在不到一個月的時間，議會就於十二月十日的正式會議火速通過這個指定管理者候補案，在地媒體也沒有任何報導。感覺上，議會似乎不想給市民表達反對的機會，所以讓一切都在檯面下一口氣通過。

無從得知「選擇指定管理者的理由」的塗黑官方文件

得知宇城市將出現新的蔦屋圖書館之後，筆者立刻於二〇二〇年十二月一日向宇城市索取資料，希望取得CCC被選為指定管理者的相關書面資料，到了十二月十七日之後，收到「部分公開」的回覆。接著又在十天後的十二月二十七日收到了宇城市寄來的書面資料。打開一看，筆者的期待可說是完全落空。

筆者從這份書面資料得知，除了CCC之外，還有另一家業者也參與了指定管理者選拔會，而在審查與評鑑提案內容之後，最終由CCC獲選。不過，最重要的內容卻幾乎都被塗黑，無從得知CCC為什麼能夠得到如此高的分數。

這份書面資料總共一百七十八頁，大部分的內容都是「不知火文化廣場」指定管理者甄選要項與投標文件，另外還包含了二十八頁聯合經營美術館與圖書館的協議會會議紀錄。但是評鑑投標業者提案內容的評分表只有七張A3影印紙。

而且仔細閱讀這些評分表就會發現，除了七位評鑑委員的名字之外，連他們的職稱都被塗黑，各項目的評估內容、得分與總分也都塗黑，唯一沒有塗黑的是每位評審委員的總分，而且也只有獲選的CCC的評分表公開，另一間落選的業者的評分表完全沒有公開。

收到這份書面資料之後，筆者在部落格寫下了當時的感想。

> 或許各位讀者也參加過很多比賽，或是看過許多評鑑個人或法人的活動，但是否看過評審全部匿名的比賽？我想應該是前所未聞吧。不管我如何翻找過去的記憶，也找不到這種審查。（幾乎月刊蔦屋圖書館，〈在宇城市選擇CCC的謎樣蒙面評審」，二〇二〇年十二月二十七日）

在選拔委員會擔任評審的委員會與民間人士、地方政府職員應當公開其職稱與姓名。就算是不願讓民間人士的個人資料曝光的地方政府，至少應公開身為公務員的職員的姓名與職稱。

雖然偶爾會看到讓職員擔任評審，卻只公開職稱的地方政府，但筆者還是第一次遇到宇

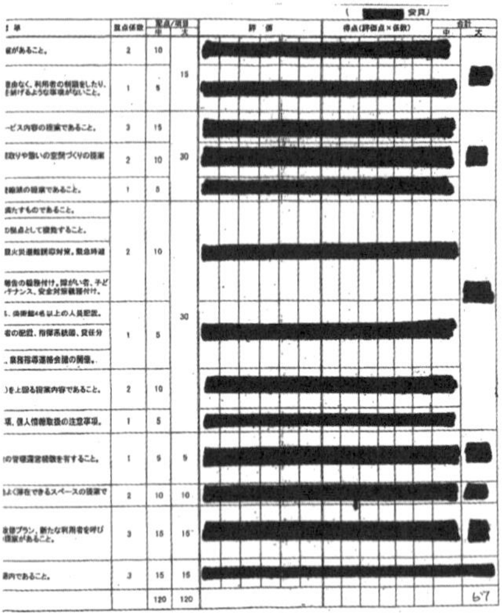

（[redacted] 委員）

基準	配点係数	配点/項目 中	配点/項目 大	評価	得点（評価点×係数）	合計 中	合計 大
…があること。	2	10	15	[redacted]			[redacted]
…由なく、利用者の制限をしたり、…げるような事項がないこと。	1	5		[redacted]			
…ービス内容の提案であること。	3	15	30	[redacted]			[redacted]
…取りや憩いの空間づくりの提案	2	10		[redacted]			
…[illegible]の提案であること。	1	5		[redacted]			
…満たすものであること。…の拠点として機能すること。…火災避難誘導対策、緊急時連…報告の義務付け、障がい者、子ど…メンテナンス、安全対策義務付け。	2	10	30	[redacted]			[redacted]
…、[illegible]4名以上の人員配置。…者の配置、指揮系統図、責任分…業務指導連絡会議の開催。	1	5		[redacted]			
…を上回る提案内容であること。	2	10		[redacted]			
…項、個人情報取扱の注意事項。	1	5		[redacted]			
…の管理運営経験を有すること。	1	5	5	[redacted]			[redacted]
…よく滞在できるスペースの提案で	2	10	10	[redacted]			[redacted]
…改善プラン、新たな利用者を呼び…提案があること。	3	15	15	[redacted]			[redacted]
…範内であること。	3	15	15	[redacted]			
		120	120				67

【圖 18】只能看出每位選拔委員的總分。選拔委員的姓名、職稱與各項目計分全部塗黑。

城市這種完全不公開市政府職員的職稱與姓名的情況（圖18）。這明顯是違反了條例。

若是檢視這些來路不明、全員匿名的評審的審查結果，絕對不會有市民得出「原來如此，在經過審查之後，選擇了比較優秀的CCC啊」這種結論。假設公開資訊的目的是讓市民更了解市政，像宇城市這種完全偏離原本目的情況實屬罕見。

資訊公開個人資訊保護審查會有可能被當成爭取時間的工具

在看到選拔業者的過程如此黑箱之後，筆者不禁覺得選拔結果疑雲重重，也對宇城市提供的這份書面資料提出申訴。雖然宇城市在公開資訊這個部分是最惡劣的案例，卻未限制申請資料的對象，不一定非得住在宇城市才能申請，只要對申請的資料有任何疑慮，任何人都可以申請審查，這也是我唯一給予好評的部分。

既然機會難得，沒有道理不妥善應用這個管道。由於大部分的情況都與和歌山市的例子一樣，住在市外的人只能申請資料，不能申請審查，所以我本來打算透過申請審查的步驟，好好地批判邀請 TSUTAYA 入駐的地方政府。

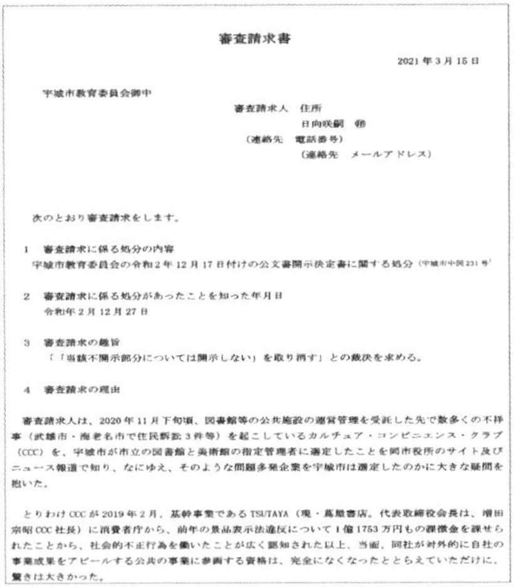

審査請求書

2021 年 3 月 15 日

宇城市教育委員会御中

審査請求人　住所
日向咲嗣　様
（連絡先　電話番号）
（連絡先　メールアドレス）

次のとおり審査請求をします。

1　審査請求に係る処分の内容
宇城市教育委員会の令和 2 年 12 月 17 日付けの公文書開示決定書に関する処分（宇城市中図 231 号）

2　審査請求に係る処分があったことを知った年月日
令和年 2 月 12 月 27 日

3　審査請求の趣旨
「「当該不開示部分については開示しない」を取り消す」との裁決を求める。

4　審査請求の理由

審査請求人は、2020 年 11 月下旬頃、図書館等の公共施設の運営管理を受託した先で数多くの不祥事（武雄市・海老名市で住民訴訟 3 件等）を起こしているカルチュア・コンビニエンス・クラブ（CCC）を、宇城市が市立の図書館と美術館の指定管理者に選定したことを同市役所のサイト及びニュース報道で知り、なにゆえ、そのような問題多発企業を宇城市は選定したのかに大きな疑問を抱いた。

とりわけ CCC が 2019 年 2 月、基幹事業である TSUTAYA（現・蔦屋書店。代表取締役会長は、増田宗昭 CCC 社長）に消費者庁から、前年の景品表示法違反について 1 億 1753 万円もの課徴金を課せられたことから、社会的不正行為を働いたことが広く認知された以上、当面、同社が対外的に自社の事業成果をアピールする公共の事業に参画する資格は、完全になくなったととらえていただけに、驚きは大きかった。

【圖 19】作者寄給宇城市的審查申請書的開頭部分。

不管是哪裡的地方政府，都必須在公家機關決定提供書面資料的三個月之內提出審查的申請。我心想，只要在三月十五日之內以急件的方式將審查申請表寄到宇城市，應該就來得及提出申請，所以我便快馬加鞭地填寫了審查申請表，然後立刻寄出去（圖 19）。

我在「審查申請理由」欄位寫下「由於ＣＣＣ的子公司 TSUTAYA 被消費者廳以違反景品表示法（類似廣告不將實而遭罰）處罰超過一億日圓的罰金，因此不公開下列這些書面資料，讓市民無從得知ＣＣＣ為何能以「優良業者」被委任為市立圖書館、美術館的指定管理者是不適當的決定」這類內容。

- **說明ＣＣＣ提案內容細節的書面資料**
- **說明評審委員的立場與背景的書面資料**
- **記載選拔會議討論過程的書面資料**

之後，我在五月收到了宇城市教育委員會寄來的辯答書，所以便於六月寄出異議書，到了十二月之後，審查會寄來了第二次的異議申請，我又再針對這個異議申請撰寫了異議書然後再寄出，包含審查申請書，總共提出了三次文件。

最後是在二〇二二年十一月得知向宇城市申請審查的結果（審查意見）。於二〇二一年三月十五日寄出審查申請書之後，過了一年又八個月才得知審查結果，如果從申請資料的二〇二〇年十二月起算，等於過了快兩年。

一般來說，提出申請到得到結果，大概需要半年，最長也不會超過一年，但花了兩倍時間才給結果的宇城市，可說是相當不願意公開資訊的地方政府。

當我讀完資訊公開審查寄來的審查意見書副本，得知實施機關，也就是宇城市決定不公開的CCC提案書（因為是企業機密）或是其他大部分不予公開的部分都是「合理」的決定，至於筆者希望公開的評審委員姓名或營運協議會出席委員姓名則「取消部分不公開的決定，需要予以公開」。

其實早在收到這份審查意見書之前，也就是我在寄出第一份異議書的三週後的二〇二一年七月七日，宇城市教育委員會就已經寄來「官方文件公開決定通知書」。正當我不可思議地覺得「咦，我不是提出申訴了嗎？為什麼會就同一份書面資料同意公開呢？」也依照指示辦理相關步驟之後，宇城市教育委員會又寄來二十五張補充資料。追加的內容主要有下列兩個重點。

①除了兩位民間人士之外，其餘的選拔委員的職稱與姓名皆予以公開。

②公開落選企業的評分表（但是評審姓名與給分全部塗黑）。

翻閱這份補充資料之後，似乎公開了一些之前未公開的部分，但資訊公開審查會明明才剛開始審議，該不會宇城市資訊公開課不等結論出爐，就依照討論的趨勢決定公開資訊了吧？結果事實似乎不是我想的這樣。

筆者在後續的採訪得知，我之所以會收到那份補充資料，與資訊公開審查會的討論沒有任何關係，是宇城市資訊公開課自己的辯答書、筆者的審查申請書與第一次的異議書進行檢討之後，自行承認自己的錯誤，認為「這些與那些內容應該予以公開」，而這才是收到補充資訊的真相。

即使如此，為什麼宇城市教育委員會會在審查意見出爐之前就決定額外公開內容呢？若往好的方面想，有可能在第一線的職員之中，有某位通情達理的職員，而他認為被審查會否定的這種資訊公開方式不是公家機關該做的事，覺得要盡早修正這類錯誤，所以才提供上述的補充資料。

不過，真的有可能是這樣嗎？若從故意拖延審查意見這點來看，很難往好的方面解釋。

我於二〇二一年三月申請審查，針對實施機關（市教委）的辯答書提出異議的時間是在六月。由於一下子就收到辯答書了，所以我心裡默默地期待「如果一切順利，或許年底就能做出結論」，沒想到到了半年後的二〇二一年十二月，居然收到第二次的異議申請通知，雖然我立刻寄出了異議書，但等了快一年，完全沒有下文。

如果一切順利的話，能在年底之前得到審查意見，並且在隔年的二〇二二年四月之前，得到市教委的裁決；但好巧不巧，四月也正是被要求公開資訊的宇城市的不知火文化廣場斥資六億日圓，改建為由CCC經營的蔦屋圖書館與美術館的時候。

審查會要是在四月發表審查意見造成媒體嘩然，事情就糟了。所以宇城市才故意要求我提出第二次的異議，藉此爭取時間。證據就是第二次的異議申請幾乎都是毫無意義又不太對勁的內容。

要是四月正常開幕，熊本縣新的蔦屋圖書館與美術館成為話題時，讓資訊公開審查會慢慢審議，然後拖過夏天與秋天，也就是拖過了兩年的話也不太適當，所以在年底之前發表審查意見，再於隔年三月底的年度之內公開裁決以及再次公開部分資訊，比較不會引來非議。當我越是這麼想，越覺得宇城市根本不想迅速地做出結論。

從宇城市如此拖延資訊公開進度的態度來看，或許宇城市從一開始就打算先拒絕公開資訊，之後再追加補充資料。

換言之，宇城市的資訊公開課早就知道在選擇CCC為指定管理者的時候，選拔委員會的委員姓名、職稱、落選企業的名稱本來就是該公開的資訊，但如果立刻公開，有可能會讓一些不該公開的事實曝光，導致他們被輿論撻伐，所以才先塗黑這些資訊，如果有人申請審查的話，就再以補充資料的方式公開即可。他們打的應該是這樣的算盤吧。由於申請審查的人少之又少，所以只要沒人申訴，就不需要特地公開這些資訊。資訊公開課會這麼想，其實一定也不奇怪。

當我比對二〇二二年十一月的審查意見與二〇二一年七月的補充資料之後，發現這兩份資料幾乎完全一致，這也間接證實了上述的推論。宇城市的資訊公開課從一開始就知道該怎麼處理吧。

詳閱審查意見之後，得知每位選拔委員評分表之中的委員姓名以「恐將損及決策形成之中立性」為由而不公開是「合理」的決定。不過在選拔委員名冊的部分，由於所有人都是具有特殊職務的公務員，因此以個人資訊為由而不公開是「不合理」的決定。換言之，可以不公開「誰打了幾分」，但不能不公開「誰是評審」，我想，這也是理所當然的結論吧。

如果連選拔委員會的評審的相關資訊都塗黑，變成「完全匿名」的情況，宇城市的資訊公開審查會也不會放行吧，最終，將ＣＣＣ選為指定管理者的七位評審有五位是宇城市的職員，有兩名是民間人士，這七位評審的姓名都依照資訊公開條例的規定（就算是個人資訊，公務員也不受此條例保護）公開。此外，落選企業的名稱不予公開的決定也屬「合理」（若

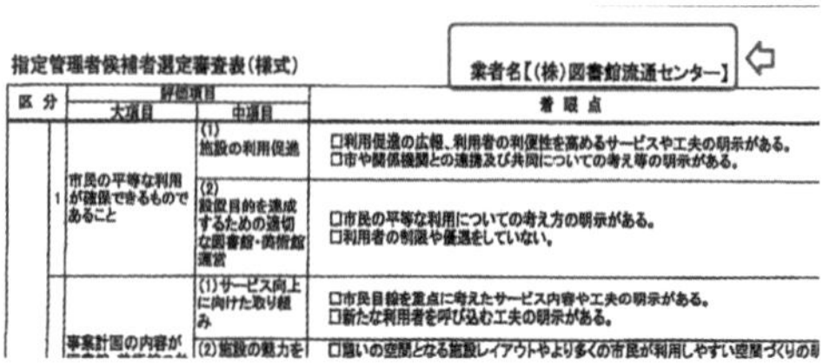

指定管理者候補者選定審査表(様式)　　業者名【(株)図書館流通センター】

区分		評価項目 大項目	評価項目 中項目	着眼点
	1	市民の平等な利用が確保できるものであること	(1) 施設の利用促進	□利用促進の広報、利用者の利便性を高めるサービスや工夫の明示がある。 □市や関係機関との連携及び共同についての考え等の明示がある。
			(2) 設置目的を達成するための適切な図書館・美術館運営	□市民の平等な利用についての考え方の明示がある。 □利用者の制限や優遇をしていない。
		事業計画の内容が	(1)サービス向上に向けた取り組み	□市民目線を重点に考えたサービス内容や工夫の明示がある。 □新たな利用者を呼び込む工夫の明示がある。
			(2)施設の魅力を	□憩いの空間となる施設レイアウトやより多くの市民が利用しやすい空間づくりの明

【圖20】在宇城市提供的25頁補充資料之中，有一些部分忘了塗黑。

是公開，有可能蒙上落選之名而導致名譽受損）。

話說回來，從宇城市的反應來看，宇城市似乎不是很在意落選企業的名稱公不公開，即使審議會認為不需公開。就筆者的立場來說，能夠知道想知道的資訊，當然是求之不得啦……。

請大家看一下圖20。這是於二〇二一年七月寄來的二十五頁補充資料的其中一頁。這是七位評審對於落選企業評分的評分表。雖然每位評委的評分表的「業者名稱」都已經塗黑，但不知道為什麼，只有一位評委的評分表的業者名稱沒被塗黑，完整露出了名稱（見右上角的箭頭處）。

是負責塗黑的職員忘記塗黑嗎？還是說，職員認為這部分的資訊該公開，所以刻意不塗黑呢？這真是個謎團。

不管事實為何，我從這份補充資料得知與CCC競爭結果落選的企業是TRC（圖書館流通中心）。如此一來，宇城市的圖書館、美術館的複合設施指定管理者選拔流程越來越詭異，因為宇城市以「在該法人確定落選之後，與獲選的法人比較（中略）假設某些負面的評價公開，有可能導致落選的法人聲譽、競爭優勢與其他正當利益受損」這個理由決定不公開落選企業的名稱，根本就不合理。

在二〇二一年的時候，就算只看地方政府的公共圖書館，ＴＲＣ已在全國受託經營五百間公共圖書館，是日本第一的圖書館經營企業，只在全國經營六間公共圖書館的ＣＣＣ完全無法與ＴＲＣ相比擬。就算被整個社會知道在競標時輸給ＣＣＣ，對於ＴＲＣ來說，恐怕也是不痛不癢。不如說，剛崛起的ＣＣＣ在宇城市得到了比業界巨人ＴＲＣ更高的評價這點，反而會讓公眾覺得市長是否與ＣＣＣ勾結，「內定疑雲」反而有機會被炒成話題。

讓資訊公開程度後退的資訊公開條例修正案

後續還發生一件足以說明宇城市有多麼不想公開資訊的事件。

筆者在二〇二三年十月，睽違三年想確認在本書於開頭提及的宇城市立圖書館（於不知火文化廣場之內設置）館內經營的星巴克門市的最新租金，而向宇城市申請相關資料之後，沒想到宇城市的資訊公開條款越改越糟，住在市外的人只能申請資料，卻無法申請審查。

宇城市之前的資訊公開條例開放任何人申請資料，沒想到連唯一的優點都消失了，可說讓資訊公開的立場大幅後退。這到底是為什麼呢？

變成只開放市內居民申請資訊的條例修正案（外縣市的居民只能索取資料，不能申請審查）是於二〇二三年二月快速排入議會排程。

被質詢修正條例理由的執行部回答：「以服務市民為優先。」但是在經過議會辯答之後發現，在過去的五年之內，申請審查的案例只有兩件，其中來自外縣市居民的申請只有筆者這一件。

換言之，市議會的目的就是想要全面封殺筆者這種來自外縣市的記者，不讓我們這些人有機會申請審查。不知道這個主意是市長、教育長，還是市政府的幹部級職員，總之在「我不能再容忍被外縣市的人如此批判，不准再開放外縣市的人申請審查」的一聲令下，才急忙地修正條例。

最後，讓筆者無論如何都無法接受宇城市選擇CCC作為指定管理者的理由是，明明CCC這間企業因為前一年的醜聞而喪失了承辦公務的資格，為什麼還會被宇城市選為「優良業者」。

得知CCC被選為「不知火文化廣場」的指定管理者的筆者打了電話給負責此事的相關部門詢問「您可知道CCC在去年已被判定違反核心業務這件事嗎？」沒想到該部門的課長回答「不知道」。

二〇一九年二月二十二日CCC在影片串流服務「TSUTAYA TV」宣傳可以看到所有作品這件事違反了景品表示法（優良誤認：讓顧客誤以為店家的商品比其他業者來得優秀），消費者廳向 TSUTAYA 提出支付一億一千七百五十三萬日圓罰鍰的命令（「TSUTAYA TV」於二〇二二年六月十四日停止服務）。

或許是因為媒體沒有大力抨擊，時任CCC社長兼 TSUTAYA 的董事長增田宗昭CEO也沒召開道歉的記者會，社會大眾也忘了這件事，但是承辦公務則另當別論。明明是違反了社會利益，觸犯了重大法律的企業，怎麼還具備參與公共設施指定管理者甄選的資格呢？

明明ＣＣＣ已經因為違法行為而被主管機關懲罰，所以我便向宇城市申請ＣＣＣ是否適合作為承辦公務企業的審查資料，沒想到宇城市只回答我資料「不存在」。換言之，宇城市根本不管ＣＣＣ在前一年的重大違法行為，逕自將ＣＣＣ視為「適合經營我們的圖書館與美術館的優良業者」。

而且斥資六億日圓的建築物翻新計畫全部依照ＣＣＣ的設計進行，由ＣＣＣ負責經營的館內星巴克裝潢費用也全由宇城市負擔，而且星巴克門市的月租僅約三千七百日圓（之後還修正為二千八百日圓），幾乎是免費租給業者，從這點來看，會被人質疑官商勾結與利益輸送也是無可厚非的吧。

除了和歌山市與宇城市之外，想邀請蔦屋圖書館進駐的地方政府通常都只由「政界、官界、財界」的相關人士規劃公共設施，而且在計畫通過之前，幾乎都不會詢問市民的意見。從序章介紹的案例以及其他類似的公共事業來看，就算真的詢問了市民的意見，通常也只是聊備一格，杜絕後患而已，所以記載決策過程的官方文件才會全面塗黑。儘管地方政府拿著資訊公開條例當擋箭牌，企圖合理化塗黑資料這件事，但想必大家看到這裡已經知道，這些地方政府拿出來的理由都相當荒謬。如果其中沒有任何官商勾結的問題，何不堂堂正正地公開資訊，避開瓜田李下之疑呢？

第四章

於正式開幕當天揭露的公務員洩漏底標疑雲

民營企業是金主的話，官民合作事業就無法正常公開資訊

雖然我收到了一千四百頁有92％塗黑的會議資料，但光是讀了尚可閱讀的部分就找出一些線索，以蔦屋圖書館作為攬客賣點的南海電鐵和歌山市站前重劃事業也因此漸漸現出原形。不過，還是無法判斷那些塗黑官方文件的全文。若要證明蔦屋圖書館的案子是由官方與民間一起圍標，就得找到決定性的證據，提出具體的事實。

要扒開官民合作事業的內幕，最大的困難在於「民」的部分，因為民營企業沒有公開資訊的義務。以和歌山市的案子為例，南海電鐵完全不需要公開挑選RIA的過程，也讓這項公共事業更是疑雲重重。至於建造圖書館的部分，由於南海電鐵是出資者（契約載明，完成之後會轉讓給和歌山市），所以就算跟和歌山市申請基本設計業者的招標資訊，和歌山市也只會回答「請向南海電鐵洽詢」。真的向南海電鐵洽詢，對方也只會回答「無法公開」，等於是吃了閉門羹。由於民營企業沒有公開資訊的義務，所以就算是本該透明公開的公共事

業，也無法取得任何挑選業者的招標資訊。

不過，這明明是地方政府投資九十四億日圓的公共事業，卻無法取得任何招標資訊？這實在令我無法接受。其實山形縣酒田市與和歌山市差不多是在同一時間利用國土交通省的補助，進行以圖書館為主的站前重劃事業，這項計畫是由西松建設與酒田市合資設立的光之湊株式會社為執行單位，當他們選擇RIA為負責基本設計的業者時，也是立即發表了相關的資訊。反觀和歌山市，南海電鐵不願公開資訊的態度豈不是太不適當了嗎？儘管我提出「和歌山市應該收到南海的報告了，所以應該予以公開」，但人微言輕，RIA的投標資訊完全不予公開。

因此，二〇一八年十一月六日，從以前就一直與我分享圖書館搬遷資訊的「市民圖書館研究會」的成員，以和歌山市居民的身分申請資料。如果是居民的話，拿到全面塗黑的官方文件就能申請審查，所以當然比外縣市的人申請更加有利。之後也的確申請了審查。

另一個重點是，該會的成員在申請資料時，於市議會擔任議員的林隆一（從二〇一九年四月開始，成為和歌山縣議員）給予協助。知道市民圖書館研究會為什麼關心圖書館問題之後，林議員便於事前向負責此事的公家機關施壓，要求他們適當地公開資訊，所以才能順利取得資料。

如果和歌山市民取得了塗黑的官方文件，有可能會申請審查，之後甚至有可能會演變成住民訴訟，所以我事先跟公家機關提及此事，要求他們適度地公開資訊。（林議員）

在市議會議員的幫忙之下，總算公開的招標資訊

和歌山市在收到「市民圖書館研究會」的申請之後，公開了二〇一八年十二月十七日（圖21）的招標文件。這個招標文件共有五頁，分別記載了「資金計畫」、「基本設計」、「權利轉換計畫」、「細節設計」、「設計概念表達與工程監理」這五個業務的投標結果

（圖22）。以資金計畫的部分為例，總共有三間公司投標，最終由RIA以八百萬日圓得標（圖23）。「設計金額」欄位的八百四十萬日圓則是底價。

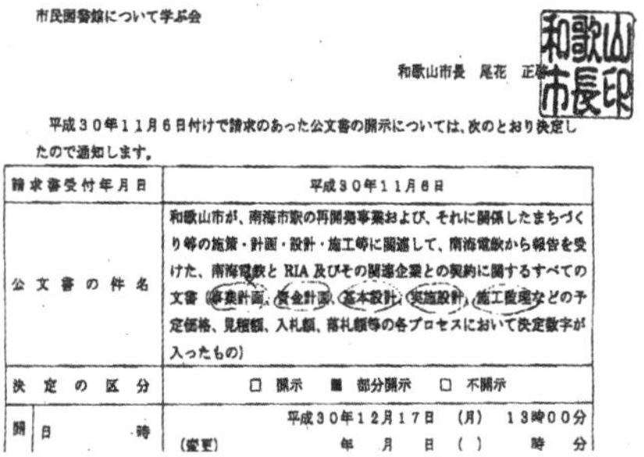

市民図書館について学ぶ会

和歌山市長　尾花　正啓　和歌山市長印

平成３０年１１月６日付けで請求のあった公文書の開示については、次のとおり決定したので通知します。

請求書受付年月日	平成３０年１１月６日
公文書の件名	和歌山市が、南海市駅の再開発事業および、それに関係したまちづくり等の施策・計画・設計・施工等に関連して、南海電鉄から報告を受けた、南海電鉄と RIA 及びその関連企業との契約に関するすべての文書（事業計画、資金計画、基本設計、実施設計、施工監理などの予定価格、見積額、入札額、落札額等の各プロセスにおいて決定数字が入ったもの）
決定の区分	□ 開示　■ 部分開示　□ 不開示
開　日時	平成３０年１２月１７日　（月）　１３時００分 （変更）　年　月　日（　）　時　分

【圖21】2018年11月6日「市民圖書館研究」申請了資料，於同年12月17日收到了「部分公開」的通知。

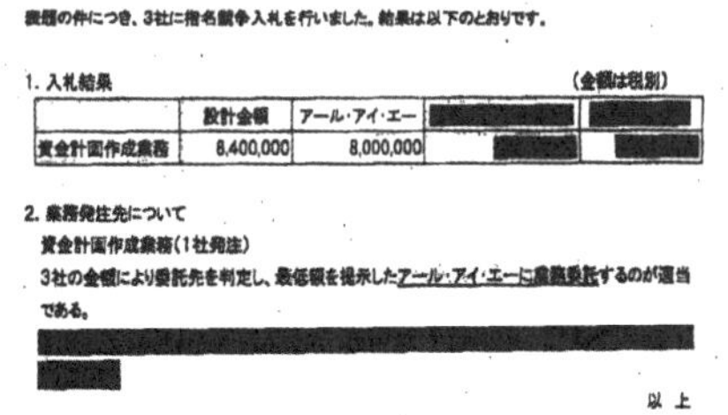

標題の件につき、3社に指名競争入札を行いました。結果は以下のとおりです。

1. 入札結果　（金額は税別）

	設計金額	アール・アイ・エー	[redacted]	[redacted]
資金計画作成業務	8,400,000	8,000,000	[redacted]	[redacted]

2. 業務発注先について

資金計画作成業務（1社発注）

3社の金額により委託先を判定し、最低額を提示したアール・アイ・エーに業務委託するのが適当である。

[redacted]

以上

【圖23】這是連日期都沒有的招標資料。只能看得出來有3間公司投標，以及RIA以八百萬日圓得標的內容。「設計金額」欄的八百四十萬日圓應為底價。塗黑的最後兩行內容最後透過內部告發得知。

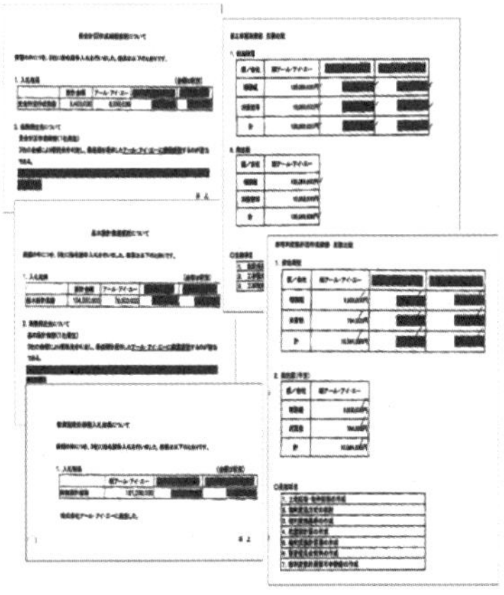

【圖22】和歌山市應市民圖書館研究會的公開要求，於2018年12月17日公開了5頁行政文件。文件中包含了資金計畫、基本設計、權利轉換計畫、細節設計、設計概念表達與工程監理等五項業務的招標結果。

所謂的底價是發包者預設的契約金額上限，但是在由最低標的業者得標的標案之中，最大的問題在於事先透露底價以進行圍標。一般來說，公共工程的標比（得標價格÷底價）若在95％以上，就有圍標的嫌疑。

不過，我們開心的時間很短，因為仔細審閱取得的書面資料之後，發現內容非常不齊全。儘管我們知道，上述五項業務的得標金額與得標者（都是ＲＩＡ），但其他資訊幾乎都塗黑，塗黑的最後兩行也看不出寫了什麼，而且也沒有投標的日期，所以無法對照會議紀錄這類書面資料進行驗證。

「真的很讓人懷疑市政府有招標嗎？尤其有三間公司投標，但其他公司的名稱全部塗黑。就算我們抗議與質疑，請市政府公開另外兩間公司，對方也只會說『沒辦法再多提供資料』。」這讓我在市民圖書館研究會的朋友感到失望。

對於如此冥頑不靈的市政府大發雷霆的是林議員。

剛好有報導指出，四年前ＲＩＡ也去了和歌山市前往佐賀縣武雄市視察，所以才讓人覺得這次該不會是圍標吧？當我告訴負責相關業務的課「如果不拿出資料，我就向公平交易委員會告發」，結果該課課長也問了南海電鐵是否可以公開，最終還是得到「無法再多提供資料」的結論。

既然如此，就只能從另一個角度申請資料。剛好此時市民圖書館的內部裝潢業者競標結果出爐，所以我再次請市民圖書館研究會的朋友依照競標結果的格式，申請ＲＩＡ得標的詳細資料（「投標方式」、「投標日」、「底價」、「契約價金」、「投標業者人數」、「工期」、「標比」這七個項目）。

市民圖書館研究會的朋友告訴我：「（二〇一九年）一月十八日去了市政資訊課之後，對方要我填寫資料申請書（市民能隨意申請），所以我便填寫了申請書。沒想到對方居然跟我說『目前沒有ＲＩＡ投標資訊的相關文件，所以只能提供另外製作的備忘錄』，我清楚記得對方不知道是極度緊張還是另有隱情，總之嘴角不斷地發抖，看起來很不正常的樣子。」

	資金計画作成業務	基本設計業務	権利変換計画作成業務	実施設計業務	[illegible]業務及び工事監理業務
入札方法	指名競争	指名競争	指名競争	指名競争	指名競争
入札日	平成28年8月1日	平成28年8月15日	平成28年8月21日	平成29年2月1日	平成29年8月8日
予定価格	8,400,000	104,200,000	10,600,000	225,800,000	167,700,000
契約額	8,000,000	79,000,000	9,800,000	181,000,000	125,000,000
入札参加事業者数	3者	3者	3者	3者	3者
工期(納期)	平成28年8月30日	平成29年1月31日	平成29年3月31日	平成30年2月28日	平成32年3月31日
落札率	95.24%	75.82%	92.45%	80.18%	74.54%

平成31年2月4日　和歌山市都市再生課

【圖 24】2019 年 2 月 4 日取得了記載 RIA 得標細節（「投標方式」、「投標日期」、「底價」、「契約價金」、「投標業者人數」、「工期」、「標比」這七個項目）的一覽表。

這位窗口到底在害怕什麼呢？是擔心公開資料之後，被發現官商勾結，一起圍標的舞弊行為東窗事發，才如此慌張嗎？

最終於二〇一九年二月四日取得的資料就是圖24。

負責這項業務的課說「只有備忘錄」，而且只有一張一覽表，完全看不出這份備忘錄是由誰製作，也不知道是為了誰製作，但是我們要求的七個項目，也就是RIA投標的五種業務，投標結果算是全部公開了，但還是沒有公開RIA之外的投標業者的名字。

「這時候我們也提出了抗議，因為參與投標的業者有『三位』，所以我們要求對方公開其他兩位業者的公司名稱，沒想到對方還是不願公開」，我這位市民圖書館研究會的朋友當下雖然感到遺憾，但事後卻透過內部告發取得其餘兩間企業的名稱。

在得標兩年前的相關人士例行會議就已經發表的資金計畫

仔細閱讀二〇一九年二月四日收到的一覽表就會發現，RIA投標了一連串的設計相關業務，五項業務的得標金額超過了四億日圓。

筆者最先看到的是「資金計畫」的競標日為「平成二十八（二〇一七）年八月一日」。

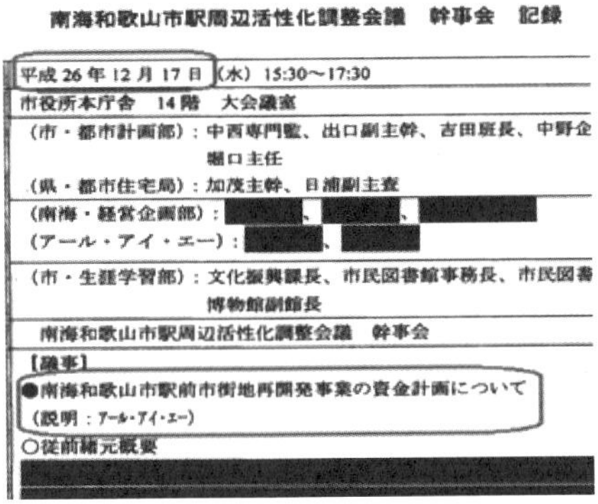

南海和歌山市駅周辺活性化調整会議　幹事会　記録

平成26年12月17日（水）15:30～17:30
市役所本庁舎　14階　大会議室
（市・都市計画部）：中西専門監、出口副主幹、吉田班長、中野企
堀口主任
（県・都市住宅局）：加茂主幹、日浦副主査
（南海・経営企画部）：[redacted]、[redacted]、[redacted]
（アール・アイ・エー）：[redacted]、[redacted]
（市・生涯学習部）：文化振興課長、市民図書館事務長、市民図書
博物館副館長
南海和歌山市駅周辺活性化調整会議　幹事会
【議事】
●南海和歌山市駅前市街地再開発事業の資金計画について
（説明：アール・アイ・エー）
○従前諸元概要
[redacted]

【圖25】RIA早在2014年12月17日「南海和歌山市站周邊活化調整會議幹事會」就針對「南海和歌山市站前市鎮重劃事業的資金計畫」進行說明，但這場會議遠比「資金計畫」的競標日（2016年8月1日）還早召開。

照常理，RIA應該是在這個日期之後才會發表資金計畫，但沒想到從別份資料發現，早在這個日期的一年半之前的相關人士會議，RIA就已經發表了這項事業的資金計畫，即圖25的會議資料。

以「南海和歌山市站周選活化調整會議　幹事會　紀錄」為題的這份文件的日期為「平成二十六（二〇一四）年十二月十

七日」。下方的「內容」則印有「南海和歌山市站前市鎮重劃事業的資金計畫」這幾個字。換言之，早在競標日之前，資金計畫就已經寫好了。

由於是在南海電鐵、和歌山市、和歌山縣三方共同召開的相關人士例行會議大喇喇地公開資金計畫，免不了讓人覺得「這就是官民一起的圍標行為啊」。

當事人如何解釋這份鐵證呢？我問和歌山市的負責人「為什麼在競標的兩年前，ＲＩＡ就已經發表了資金計畫呢？」結果得到下列的解釋：

說是資金計畫，其實只是粗糙的草案，是用來向相關人士說明「大概需要這麼多費用」、「大概會產生這些項目的費用」而已，與推動重劃計畫所需的正式資金計畫不同。ＲＩＡ在參加競標的兩年前發表的是這種估算金額的資金計畫。

而且對方還表示，這麼做沒有任何問題：

在重劃計畫起草之際，管理師都會先製作資金計畫草案，再向相關人士發表，這也是業界的慣例，沒有任何問題。大部分的業者都抱著做白工的心態撰寫資金計畫草案。

當我也請教另一位當事者也就是南海電鐵時，得到下列的答案：

在二〇一四年十二月十七日會議發表的資金計畫，是在都市計畫定案之前，由敝社向RIA諮詢，RIA以另外的案子在會議發表的資金計畫。由於都市計畫非常複雜，所以需要先擬出草案再進行說明。該公司是自行估計所需的預算，不包含補貼的部分。我們請深諳此道的RIA幫忙發表，而且是與RIA在二〇一四年簽約，但無法說明是於幾月幾日簽約，但一定是在RIA出席調整會議的二〇一四年七月之前簽約。

和歌山市的負責人雖然說，重劃專案在正式發包之前，管理師會先寫事業計畫的草案，這也是業界的慣例，但從一般市民的角度來看，這實在是非常缺乏常識的行為。

只特別優待準備投標的特定業者，而且從投標的幾年前就出席公家機關主辦的相關人士會議，還發表事業計畫，這豈不是「魚幫水、水幫魚的勾結關係」嗎？

這次的專案在開始時，沒有舉辦任何比稿，RIA也自然而然地出席了相關人士會議。如果與前述的山形縣酒田市的案例比較，這個專案有多麼可疑實在一目瞭然。酒田市在二〇一四年六月召開了「酒田站周邊整建事業」業者投標會，RIA也透過這次的投標會得標，之後在二〇一七年一月投標設計相關業務，結果又是RIA得標，一切按照標準程序。

和歌山市則是連針對整體構想的招標都沒辦，直接讓RIA出席相關人事會議，光是「重劃計畫通常都會這麼做」這種藉口實在說不過去。

揭開黑幕的內部告發文件

最終，我們無法根據二〇一九年二月四日收到的書面資料掌握整個計畫的流程。因此，市民圖書館研究會在次月的三月十一日，針對二〇一八年十二月十七日收到的五張文書資料申請第二次審查，理由是「被塗黑的投標企業名稱、投標價格以及其他的但書部分都應該公開」。

不過，和歌山市的動作非常緩慢，在一切毫無進展的情況下，南海電鐵和歌山市站前的新和歌山市民圖書館即將正式開幕（二〇二〇年六月五日），沒想到某一天，突然收到一份不知道從何處寄來的「核彈級資料」。

「找到會議紀錄了。」

我是在二〇二〇年五月十日的深夜，突然發現收件匣收到了這封標題很奇妙的電子郵件。那天是大型連假的最後一天，我從外面回到家裡，攤在房間一動也不動。後來想到要寫部落格，所以打開了電腦，才發現這封信。

內文與標題一樣，都只有一行字。寄件人的信箱是免費電子信箱，也沒有寄件人姓名，但附了兩個ＰＤＦ檔案，所以我先掃毒才打開檔案，熟悉的格式赫然出現在眼前。

這兩個檔案都是兩年前收到的和歌山市塗黑會議紀錄的一部分。第一個檔案有幾頁，第二個檔案則有十幾頁，內容不算太多，看來只摘取了重要的部分。第一個檔案的文字背景色為灰色，第二個檔案則為黃色，但所有的內容都清晰可辨（圖26）。看來文字背景色是某個人告訴和歌山市，哪些部分需要塗黑的標記吧。

「啊，這是內部告發吧。」

一想到我花了幾分鐘才意識到這點，便覺得自己真蠢。當我仔細閱讀這兩個「會議紀錄」檔案，就陸續看到許多「這絕對能證明是官商一起圍標的鐵證！」順帶一提，該寄件人在幾分鐘之後，又寄了以「RE：會議紀錄」為題的信過來，一樣附了兩個會議紀錄摘要（都只有幾頁）的檔案，因此我急著回信給

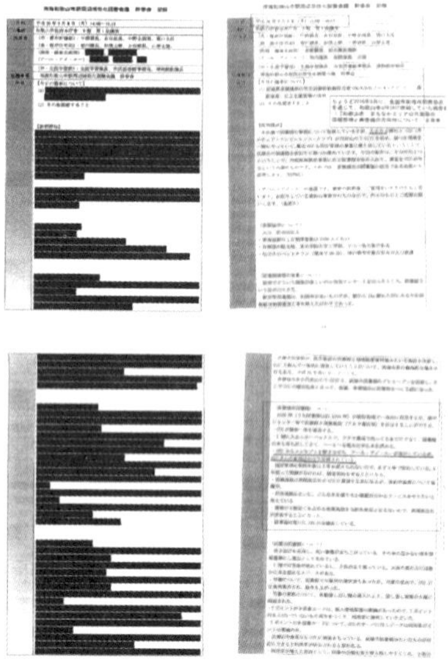

【圖 26】這是莫名寄件人寄來的 PDF 檔案，但與相同日期的塗黑官方文件比對，就知道這絕對是同一份書面資料。

這位吹哨者。我以「深喉嚨」為收件者姓名，問了對方需要什麼回禮以及簡單的問題，但對方雖然有些回應，卻沒理會我持續提出的問題。順帶一提，「深喉嚨」是重要資訊來源的暱稱，在水門案提供給華盛頓郵報記者資訊的政府高官就被稱為深喉嚨。

連假結束後，我拿出之前被塗黑的書面資料（調整會議的會議紀錄），開始與這份透過內部告發的「會議紀錄」比對。我將兩份書面資料排成一左一右，便能清楚比對兩者的差異。儘管塗黑的部分與利用文字背景色標記的部分有些出入，但這肯定是同一份書面資料。我為了撰寫「商業時報」的獨家報導，把那些我覺得「喂，這樣不行喔」的部分節錄出來，之後再針對各部分的「會議紀錄」寫下註解。

這份沒有塗黑的「會議紀錄」，也就是「核彈級資料」的獨家報導第一彈選在隔週五月十八日於「商業時報」公開。以下是在以〈和歌山蔦屋圖書館　市政府在公開招標之前，就已經內定CCC了嗎？事先與市長面談，獨自取得內部資料〉為題的文章加了一些資料之後的內容。

本月上旬，筆者取得疑似和歌山市重劃事業相關會議資料共幾十頁。

筆者從其中記載的日期、出席者、議題確定與筆者向和歌山市申請的資料為同一份書面資料，所以拿著其中的內容向市政府的多個部門確認，也確定這些內容都為事實。

對一直收到塗黑官方文件的筆者來說，能夠在沒有任何塗黑部分的情況下，流暢地閱讀從二〇一四年六月三日開始的〈南海和歌山市站周邊活化調整會議　幹事會　紀錄〉，真的是爽快至極。

雖然筆者收到的只是一千四百頁資料之中的一小部分，但一切正如筆者所預料，擔任CCC旗艦店代官山 T-site 建設顧問的RIA作為門面，強力推銷以蔦屋圖書館式設施為重點的專案，希望透過蔦屋圖書館式的設施在站前攬客。

不知為何，中途的頁面順序有點混亂，也挾帶了CCC被選為指定管理者之後的二〇一八年五月的會議紀錄，但我覺得這應該是有特別的意思才特別放進這份書面資料，而最後看到二〇一六年六月的會議紀錄之後，筆者不禁倒抽了一口氣。

在公開招標之前，只有CCC向市長做簡報

接在日期、場所、出席者、協議事項之後的「議事內容」欄位裡，寫著「1.和歌山市的報告事項」的相關內容（圖27）。

〈CCC預定7／8過來給市長做簡報。都市計畫部、教育委員會也會出席〉

和歌山市是在二〇一七年十月為了於二〇一九年秋天開館的新市民圖書館公開招募指定管理者。投標的業者為CCC以及競標對手TRC於隔月十一月進行了簡報與提案，而選拔委員會在審查之後，選擇CCC作為指定管理者，這就是整段選拔的經過。

不過，若從這次單獨取得的會議資料來看，可以得知，早在選拔的一年多前，CCC就被點

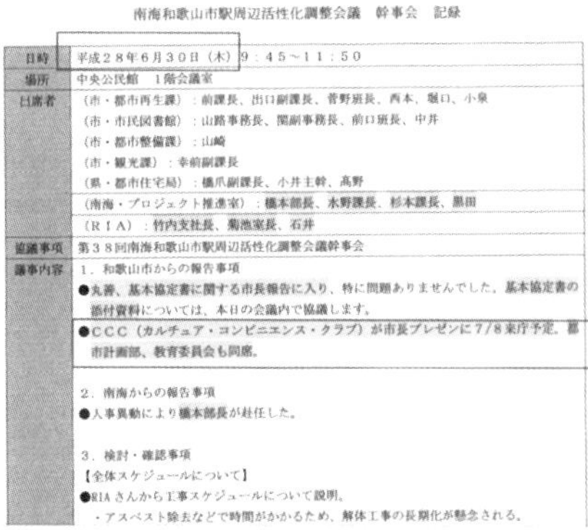

南海和歌山市駅周辺活性化調整会議　幹事会　記録

日時	平成28年6月30日（木）9：45～11：50
場所	中央公民館　1階会議室
出席者	（市・都市再生課）：前課長、出口副課長、菅野班長、西本、樋口、小泉 （市・市民図書館）：山路事務長、関副事務長、前口班長、中井 （市・都市整備課）：山崎 （市・観光課）：幸前副課長 （県・都市住宅局）：橋爪副課長、小井主幹、高野 （南海・プロジェクト推進室）：橋本部長、水野課長、杉本課長、黒田 （RIA）：竹内支社長、菊池室長、石井
協議事項	第38回南海和歌山市駅周辺活性化調整会議幹事会
議事内容	1．和歌山市からの報告事項 ●丸善、基本協定書に関する市長報告に入り、特に問題ありませんでした。基本協定書の添付資料については、本日の会議内で協議します。 ●CCC（カルチュア・コンビニエンス・クラブ）が市長プレゼンに7/8来庁予定。都市計画部、教育委員会も同席。 2．南海からの報告事項 ●人事異動により橋本部長が赴任した。 3．検討・確認事項 【全体スケジュールについて】 ●RIAさんから工事スケジュールについて説明。 ・アスベスト除去などで時間がかかるため、解体工事の長期化が懸念される。

【圖27】從這份資料可以得知，CCC預定於2016年7月8日來到和歌山市政府，向市長做簡報。

名向市長做簡報，這就是所謂的「偷跑」，這與正式考試之前，學生就先跟理事長見個面的「走後門入學」沒什麼兩樣。

順帶一提，CCC向市長做簡報的三週後，也就是七月底的時候，和歌山市與南海電鐵簽訂了和歌山市站前重劃基本協約，重劃事業也正式啟動。

當我詢問和歌山市的相關部門這件事情時，對方回答「現在的負責人沒出席當時那個會議，所以不知情」。

正當我以為在公務的世界裡，這真的是所謂的慣例，而請教了其他和歌山市相關人士這件事，得到非常辛辣的答案。

「實在很難想像在接下來準備公開招標的時候，只邀請了準備投標的某間企業去做簡報，如果我當時在那個部門，一定會全力阻止這件事。」

而且連負責重劃計畫的部門以及掌管圖書館的教育委員會職員都出席這場事前的簡報會議，這豈不是明知故犯嗎？

這種書面資料當然要塗黑，否則實在臭不可聞。某位圖書館相關人士如此分析CCC選拔過程。

「二〇一四年十一月，市與縣廳、南海電鐵三方的實際參與員工十五名，浩浩蕩蕩地前往武雄市視察，此時應該就已經將CCC指定為新圖書館的指定管理者，至於二〇一六年七月的市長簡報應該是CCC已經完成新圖書館的構想，所以才去市政府說明與確認相關細節。」

此外，我為了進一步了解CCC於二〇一六年七月八日向市長進行簡報這件事，拜託了相關部門，結果得到下列的回答。

「我們試著請教其他部門這件事，但沒有保留任何足以證明CCC曾來市政府進行簡報的資料，最有可能的是CCC來市長這裡進行推銷，但由於沒有任何紀錄，我們也無法確定任何事情。」

目前已知，總經費的一二三億日圓之中，有九十四億的公帑要於新市民圖書館進駐的和歌山市站前重劃大樓投資。明明投入如此巨額的稅金，但這個專案看起來卻像個獨厚特定企業的黑箱計畫。

為了釐清這些疑雲，只能進一步要求公開資料，但是和歌山市卻將大部分的資料都塗黑，堅決不願完全公開會議資料，和歌山縣還以事情已經過了一年，資料都已經報廢為藉口，回答「資料不存在」。至於當事人CCC，明明筆者在每次爆出醜聞時都寫了電子郵件給CCC，但對方卻置若罔聞，筆者也完全拿對方沒輒。在這樣的情況下，怎麼可能釐清真相呢。

和歌山市民真的能夠開開心心地迎接好不容易才實現的「關西第一座蔦屋圖書館」的正式開幕嗎？

於正式開幕當天告發官民聯手圍標的報導

這篇於五月十八日公開的報導是「核彈級資料」相關報導的第一篇，其餘兩篇則準備在新和歌山市民圖書館正式開幕的前一天與當天連續發表，我也算是準備周到了。

在正式開幕的前一天六月四日，「商業時報」編輯部替第二篇報導下了〈獨家取得蔦屋圖書館拖延工程的書面資料！揭露讓公家機關也懾服的CCC的「超強影響力」〉這個標題。其實在收到內部告發的郵件之後，隔天我又收到從另一個電子信箱寄來的內部告發文件，這份資料主要是分析前一份資料的內容。其中提到和歌山市民圖書館的工期大幅拖延的原因，也提到明明不是出資者，只是區區指定管理者的CCC，卻擁有指揮整個計畫的權限。我猜這份告發文件很有可能是南海電鐵的相關人士寄給我的，對方很可能因為CCC故意拖延工期而有苦說不出，只好透過內部告發的方式發聲。

我原本只把第二篇報導當成補充說明，但是當我發現其中出現許多不正常的空白之後，剖析內部告發文件的故事便超乎想像地受到歡迎，也在社群媒體引起了話題。

於正式開幕當天的六月五日發表的第三篇報導雖然是接續第一篇報導的內容，但其實這篇才是真正的主力報導。這篇報導的標題是〈揭露於五日開幕的蔦屋圖書館、官民聯手圍標黑幕的內部告發資料〉。下列是在這篇揭露官民聯手圍標鐵證的報導，加上一部分補充資料的內容。

一如五月十八日本網站的報導〈和歌山蔦屋圖書館　市政府在公開招標之前，就已經內定CCC了嗎?事先與市長面談，獨自取得內部資料〉所述，和歌山市早在公開招募圖書館經營者的一年多之前，CCC就預定向市長進行簡報，這部分也留下了紀錄。

當我向相關部門詢問此事，對方回答「沒有保留當時的任何紀錄，所以不知道箇中細節」，但明明接下來就準備公開招募業者，卻讓某間有意投標的業者偷跑，向市長進行簡報的話，這豈不是代表和歌山市獨厚CCC的鐵證嗎?對於行政問題非常熟悉的相關人士如此說道：

「在公開招標之前就洩露投標資訊，很有可能違反了壟斷法與刑法。」

其實筆者取得的會議資料只是原件副本的一部分，而在多達幾十頁的「核彈級資料」之中，也出現了多處讓人懷疑舞弊的內容。

在看到沒有塗黑的會議紀錄原件副本之後，筆者最先覺得其中必有蹊蹺的是於二〇一四年六月三日召開的第一次相關人士會議的會議紀錄（圖28）。主要的內容如下：

南海和歌山市駅周辺活性化調整会議　記録

日時	平成 26 年 6 月 3 日（火）9:30～11:40
場所	市役所本庁舎 9 階　第 1 会議室
出席者	（市・都市計画部）：上野部長、中西課長、中野企画員 （県・都市住宅局）：前田局長、皆川課長、加茂主幹、上柏班長、山形主査 （南海・経営企画部）：山下部長、水野課長
協議事項	第 1 回南海和歌山市駅周辺活性化調整会議
内容	○本会議について ・市駅周辺の活性化に向け、組織をもって協議を重ねていく。 ・幹事会は定期的に行い、調整会議でオーソライズする。 ・議事録は三者が確認する。 ・和歌山大学には必要に応じご協力いただく。 ○市の現状について ・まちなか再生計画推進会議を要綱をつくり立ち上げた。 ・H27 年度に都市再構築戦略事業を策定する。 （基本、駅から半径 1km の範囲になるが、まず市駅からお城のエリアになる） ・発明館→売却するため跡地活用の条件なしで公募中 ○南海の現状について ・高島屋撤退後におけるスーパー出店の意向はまだない。 ・耐震改修について 5000 ㎡未満につき義務はないが、責任ある対応をとる。マスコミに進め方を聞かれた時は、建替えも含めて検討していると回答する。 ・アール・アイ・エーとは再開発の全体コーディネート・景観を意識したトータルデザイン、竹中工務店とはオフィス棟の設計施工を中心に契約する。

【圖 28】南海電鐵在 2014 年 6 月 3 日的第一次調整會議明白表示，將於本次計畫與 RIA 以及竹中工務店簽約。兩者後來都透過南海電鐵舉辦的競標被選為相關業者，但這僅是形式上的流程而已。這可說是本件投資巨額稅金的重劃事業之中，官民聯手圍標的鐵證。

「RIA是重劃計劃的管理者與負責整體景觀設計的契約廠商，竹中工務店是負責設計與施作辦公室大樓的契約廠商。」

說這句話的是南海電鐵。RIA是在兩年後的二〇一六年八月十五日才正式取得設計業務的標案，而竹中工務店被選為重劃區施工者（南海辰村建設與淺川組的JV（Joint Venture：合資企業）則是在三年後的二〇一七年三月。

由南海電鐵與RIA主導，然後邀請蔦屋圖書館入駐嗎？

雖然南海電鐵主張「這是針對自家公司私領域的部分簽約」，但負責私領域的業者居然就這樣被選定為領取巨額補助的公共事業（新市民圖書館）的業者，一手包辦設計與施工的部分，這真是讓我再次感到不可置信。

由和歌山市縣、和歌山市與南海電鐵參與的和歌山市站前重劃計畫調整會議是於尾花正啟市長當選前的兩個月，也就是二〇一四年六月召開。由於作為鬧區象徵的高島屋決定撤退，漸漸蕭條的車站大樓該如何振興，成為一大課題，所以便開始討論是否要改建這棟大樓，讓大樓更加抗震，或是透過其他方式讓這棟大樓復活。此時突然浮上檯面的正是將市民圖書館移到站前的計畫。

從計畫剛上路時的會議紀錄來看，不難察覺南海電鐵很想邀請能夠吸引人潮的圖書館進駐。下列是該公司的部分發言：

「我想邀請市民圖書館入駐，這也是時機恰到好處的意見。我希望與新市長直接提這件事，由上而下做出決策。」（二〇一四年六月二十七日）

「本公司認為，市民活動中心與市民圖書館都有，比較容易建立社群，但以市民圖書館為優先。」（二〇一四年七月九日）

至於和歌山市這邊，一開始認為將市民圖書館搬到站前，會導致專用停車場的停車空間大幅縮減，造成民眾不便，所以對南海電鐵的提案面有難色。但或許是因為其他的條件很不錯，所以態度便慢慢軟化，這些轉變也能從會議紀錄嗅出端倪。

前市長大橋建一因為一心重振財政而被保守派議員揶揄在任期間宛如「失落的十二年」之後，便宣布不再參與市長選舉，而市長選舉則是在下下個月進行，最後由縣土整備部長出身的尾花正啟當選，大規模開發案也陸續啟動。

某位圖書館相關人士是如此解讀這段期間的過程：

「和歌山市在二〇一四年六月二十七日、七月九日的調整會議提到，市民圖書館是否進駐重劃區域，全由『新市長一人決定』，而南海電鐵向新市長直接提出計畫，希望由上而下，直接做出決策，讓圖書館得以搬遷至重劃區，這不就代表蔦屋圖書館是南海電鐵與RIA聯手邀請入駐的嗎？」

將未完成的宮城縣多賀城市蔦屋圖書館宣傳為「成功案例」

在討論站前重劃計畫的調整會議召開之後的三個月，也就是二〇一四年九月八日，民營企業顧問介紹了新圖書館的案例（圖29）。

負責說明的是RIA。該公司曾負責CCC旗艦店代官山蔦屋書店的設計，與CCC可說是關係匪淺。當時的RIA負責人提到了多賀城市立圖書館的事業計畫，這點讓筆者非常震驚。

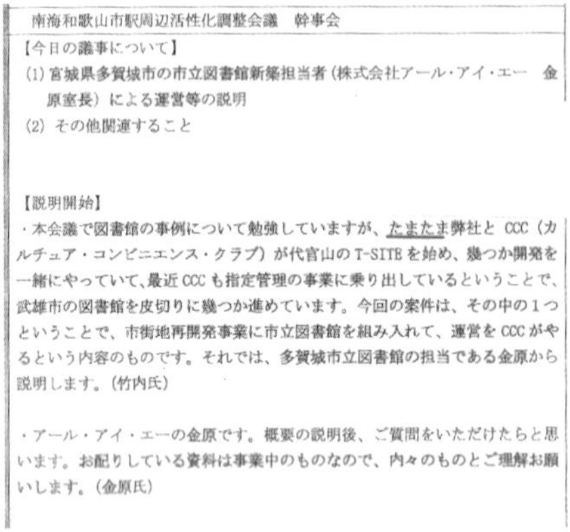
南海和歌山市駅周辺活性化調整会議　幹事会

【今日の議事について】

(1) 宮城県多賀城市の市立図書館新築担当者（株式会社アール・アイ・エー　金原室長）による運営等の説明

(2) その他関連すること

【説明開始】

・本会議で図書館の事例について勉強していますが、たまたま弊社と CCC（カルチュア・コンビニエンス・クラブ）が代官山の T-SITE を始め、幾つか開発を一緒にやっていて、最近 CCC も指定管理の事業に乗り出しているということで、武雄市の図書館を皮切りに幾つか進めています。今回の案件は、その中の１つということで、市街地再開発事業に市立図書館を組み入れて、運営を CCC がやるという内容のものです。それでは、多賀城市立図書館の担当である金原から説明します。（竹内氏）

・アール・アイ・エーの金原です。概要の説明後、ご質問をいただけたらと思います。お配りしている資料は事業中のものなので、内々のものとご理解お願いします。（金原氏）

【圖 29】RIA 的負責人於南海電鐵、和歌山市、和歌山縣共同出席的調整會議將還未存在的多賀市立圖書館宣傳為「成功案例」。

這是因為在這個時間點，這世上還沒有所謂的多賀城市新圖書館。該圖書館一直等到兩年後的二〇一六年一月才竣工，三月才正式開幕。二〇一三年七月，多賀城市發表與CCC合作的是「東北第一的文化交流據點企劃」，而且在發表之前的三個月，CCC才好不容易被選為指定管理者。

負責擬定這項事業計畫與建築設計實務的是RIA，沒想到RIA居然會將這座尚未完工的圖書館當作成功案例介紹，這實在是讓人覺得太不對勁了。

此外，RIA也在此時稍微提到了於二〇一三年全新翻修的第一座佐賀縣武雄市蔦屋圖書館，但這畢竟是翻修既有的建築物，不是重新蓋一棟圖書館，也不是於站前創造人潮的案例，實在不該與和歌山市的案例相提並論。

從身為南海電鐵顧問的該公司向和歌山市與和歌山縣的相關人士，介紹了這些不算妥當的案例來看，不禁讓人懷疑，此時此刻早以盤算好新圖書館的落腳處。

（中略）

南海電鐵雖然希望領取巨額補貼又能創造人潮的圖書館能搬到站前，但是對和歌山市民來說，圖書館留在原址，然後加強抗震結構，以及讓圖書館的內容更加充實，才是更方便、負擔更少的選項。儘管如此，還是通過了以稅金進行補貼，只有南海電鐵得到好處的計畫。

策劃假裝公開招標，實際上標案已經內定的計畫

當天的會議紀錄最後還記載了該公司令人不敢置信的建議（圖30）：

「要與CCC合作，可先讓市長與社長彼此認識，而不是按部就班進行。」（平成二十六年九月八日）

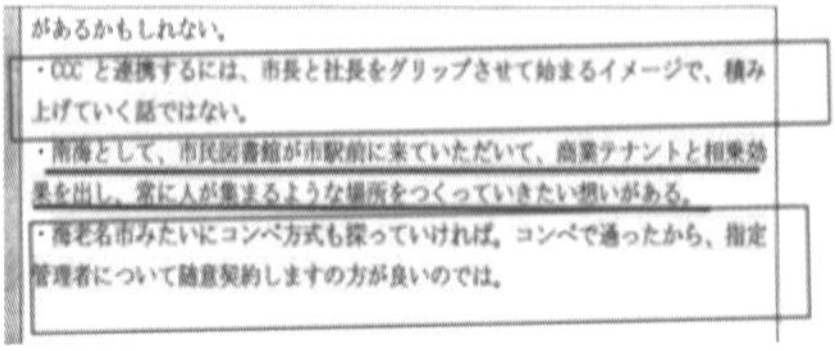
があるかもしれない。
・CCC と連携するには、市長と社長をグリップさせて始まるイメージで、積み上げていく話ではない。
・南海として、市民図書館が市駅前に来ていただいて、商業テナントと相乗効果を出し、常に人が集まるような場所をつくっていきたい想いがある。
・海老名市みたいにコンペ方式も探っていければ。コンペで通ったから、指定管理者について随意契約しますの方が良いのでは。

【圖30】在2014年9月8日的會議資料之中，RIA的負責人詳細說明了與CCC的合作方式，以及與CCC社長直接交涉與簽約的方法。

所謂「先讓市長與社長彼此認識」到底是什麼意思？此外，這段話似乎全盤否定了一般的行政程序，完全跳過徵詢市民的意見，也不向掌管圖書館業務的教育委員會諮詢意見。

某位圖書館相關人士對於這些發言的看法如下：

「RIA的負責人認為這類會議無法討論與CCC合作的相關事宜，由市長直接向CCC提案，攜手共同推動即可。」

二〇一三年的武雄市案例似乎也是如此，因為市長與CCC的增田宗昭社長在高層會議之後，就決定了邀請蔦屋圖書館進駐，而且這位圖書館相關人士還如此解讀會議紀錄結尾的這段內容：「也有人認為『像海老名市那種透過公開比稿的方式甄選業者，只要贏得比稿，就能以限制性招標的方式選擇任何業者為指定管理者比較好』。但這只是假裝公正，背地裡照著劇本走的做法。」

二〇一五年，將CCC與TRC（圖書館流通中心）的JV選為指定管理者，重新裝潢中央圖書館的神奈川縣海老名市雖然是在二〇一三年以提案方式（由多家企業提案，從中選出最佳提案的方式）進行公開甄選，但最終只有兩間企業提案，如此便能得知上述那段解讀的真正意義。

前述的會議紀錄指出，早在公開甄選圖書館指定管理者的一年多之前，CCC就已經準備於二〇一六年七月八日向市長進行簡報，這絕對是不容當事人繼續狡辯，足以證明甄選業者舞弊行為的鐵證。

不顧市民意見，逕自推行投資巨額稅金的重劃事業

目前已知的是，在這場會議之後的下下個月，也就是十一月的時候，十五名調整會議與會人員浩浩蕩蕩地前往二〇一三年四月開幕的第一座佐賀縣武雄市圖書館視察。

前述提到的圖書館相關人士認為，和歌山市恐怕在這時候已經準備邀請蔦屋圖書館入駐。

在調整會議召開後的隔年二〇一五年五月，和歌山市與南海電鐵召開了記者會，發表了「南海和歌山市站活化構想」。

這是改建車站大樓，市民圖書館入駐旅館大樓或商業大樓，總費用高達一百二十三億日圓的超大型計畫。其中的六十四億日圓為政府補助，若是包含建造圖書館的三十億日圓，預計投入的公帑高達九十四億日圓，但是這項計畫的細節在此時卻未公布。

最初和歌山市主張以限制性招標的方式與南海電鐵簽約「又便宜又有效率」，但光是市政府負擔的補貼就高達十八億日圓，建造圖書館的自付額為十五億日圓（國家負擔一半），總計為三十三億日圓，這對業者來說，算是非常有利的條件對吧，而且就其他的營運成本而言，圖書館是交給民間營運，所以一年還得支出三億日圓的指定管理費。

和歌山市想在檯面下推動耗費巨資進行的正是於武雄市成功創造年均九十萬人次的蔦屋圖書館。

不過，CCC經營圖書館的手法也有諸多問題，例如購買了大量的古書，或是投資了巨額資金，卻不算便利的獨創圖書分類方式，抑或以T卡作為租借卡片的方式，許多專家對於這些問題也都頗有微詞。

除此之外，CCC也鬧出了不少醜聞，讓人質疑身為指定管理者的資格。二〇一九年二月，CCC百分之百持股子公司的基礎事業 TSUTAYA 因為違反了景品表示法而被消費者廳判罰一億日圓以上的罰鍰。

影片串流服務「TSUTAYA TV」從二〇一六年四月開始，連續兩年以能夠看到所有作品的文案宣傳，也因此被判定違法。此時，該公司也宣稱由他們負責經營的圖書館「每年都有幾十萬人次光臨」，但這明明是整體設施的來場人數，卻說得光是圖書館就有幾十萬人次光臨，有人認為這難道不算是廣告不實嗎？但是邀請他們進駐的地方政府卻都不認為CCC這樣的宣傳有任何問題。

從紀錄來看，在市民圖書館搬遷與重新建造的計畫發表之前，也都沒問過市民的意見。這到底是為了照顧誰而推行的重劃計畫呢？市民簡直就像是被排除在整個過程之外，「要一直等到了正式開幕之後，才知道至少有座漂亮的圖書館了。」

前述這篇報導於二〇二〇年六月發表之後過了四年，為了撰寫本書而重新回顧，發現南海電鐵和歌山市站每日乘客人數在二〇二二年度為一萬四千三百七十三人，相較於前一年的一萬二千七百一十四人，大概增加了一成左右，但比起二〇一九年新冠疫情爆發之前的一萬六千四百五十五人，還是完全不見起色，附近的商店街依舊「大門深鎖」，市內好幾間書店也被迫關門大吉。

和歌山市的人口在這三年減少了四千人以上（二〇一九年為三十五萬五千四百人，二〇二二年為三十五萬一千人）。雖然塗黑的官方文件將「蔦屋圖書效果」形容成充滿幸福的未來，但親身感受這個效果的市民恐怕是寥寥無幾吧。

告發報導發布後，和歌山市依然故我

這三篇報導出爐後，筆者與「市民圖書館研究會」當然不可能就此停止追究真相。和歌山市一直等到二〇二〇年十月二十三日才針對該會申請的「第二次審查」提出辯答書，該會也在收到辯答書之後，於同年十二月二十五日提出異議書（圖31）。

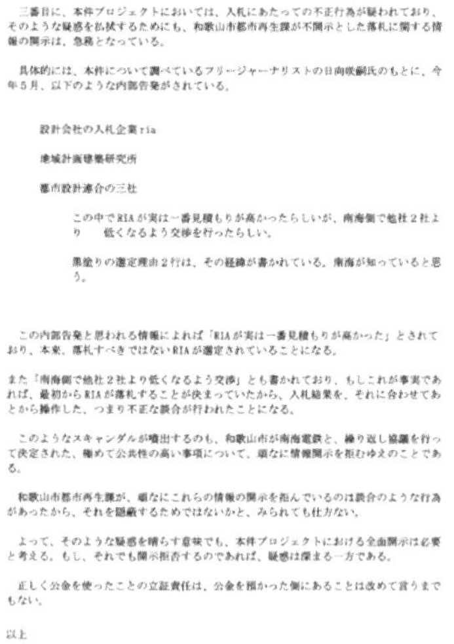

三番目に、本件プロジェクトにおいては、入札にあたっての不正行為が疑われており、そのような疑惑を払拭するためにも、和歌山市都市再生課が不開示とした落札に関する情報の開示は、急務となっている。

具体的には、本件について調べているフリージャーナリストの日向咲嗣氏のもとに、今年5月、以下のような内部告発がされている。

設計会社の入札企業ria

地域計画建築研究所

都市設計連合の三社

この中でRIAが実は一番見積もりが高かったらしいが、南海側で他社2社より　低くなるよう交渉を行ったらしい。

黒塗りの選定理由2行は、その経緯が書かれている。南海が知っていると思う。

この内部告発と思われる情報によれば「RIAが実は一番見積もりが高かった」とされており、本来、落札すべきではないRIAが選定されていることになる。

また「南海側で他社2社より低くなるよう交渉」とも書かれており、もしこれが事実であれば、最初からRIAが落札することが決まっていたから、入札結果を、それに合わせてあとから操作した、つまり不正な談合が行われたことになる。

このようなスキャンダルが噴出するのも、和歌山市が南海電鉄と、繰り返し協議を行って決定された、極めて公共性の高い事項について、頑なに情報開示を拒むゆえのことである。

和歌山市都市再生課が、頑なにこれらの情報の開示を拒んでいるのは談合のような行為があったから、それを隠蔽するためではないかと、みられても仕方ない。

よって、そのような疑惑を晴らす意味でも、本件プロジェクトにおける全面開示は必要と考える。もし、それでも開示拒否するのであれば、疑惑は深まる一方である。

正しく公金を使ったことの立証責任は、公金を預かった側にあることは改めて言うまでもない。

以上

【圖 31】這是市民團體於 2020 年 12 月向和歌山市提出的異議書的部分內容。直接挑明了與 RIA 一同參與比稿的其他兩間公司的名稱。

這份異議書是筆者在接受該會的邀請之後撰寫而成，而且直接在異議書提到了其他兩家與RIA一起比稿，最後卻落選的企業的名稱（X社與Z社）。直接提及企業名稱時，我知會了這四間公司（RIA、南海電鐵、X社、Z社）的公關，告訴他們為什麼在異議書提到他們公司，也跟他們說「如果內容與事實有異，請聯絡我」，但沒有半間公司聯絡我。

告訴我這些企業名稱的是提供「核彈級資料」的深喉嚨先生。在第一次收到資料之後，我與深喉嚨先生不斷地以信件聯絡，而在互動了三週之後，這位深喉嚨先生針對南海電鐵向和歌山市報告的投標紀錄，提供了下列的內部資訊（X社與Z社的部分當然寫著企業名稱）。

「參加投標的是RIA以及X社與Z社這三間公司，其中似乎以RIA的報價最高，而南海電鐵出面請RIA將報價調至比其他兩間公司更低。原本被塗黑的選定理由有兩行，而這兩行記載了上述這個過程。」

原來開標之後，在三間公司之中，RIA的報價最高，因此投資者的南海電鐵請RIA調整投標金額。從這點來看，這絕對是違法的圍標行為，如果發展成刑事案件，相關人士都很可能被逮捕。假設深喉嚨先生提供的資料屬實，光是公開這份書面資料，就足以證實接受報告的和歌山市與和歌山縣及民營業者一起圍標。

不過遺憾的是，二〇二一年八月二十七日寄來的第二次審查申請辯答書可說是什麼都沒有回答。這份辯答書告訴我們「和歌山市長（實施機關）的部分公開決定沒有問題」，不需要公開其他的資料。

第一次申請審查時，審查會認為公部門投資如此金額的事業必須聽取市民的意見，就算內容與投標業者的企業機密有關，也應該以予公布，沒想到這次卻自打嘴巴，做出了完全聽信公部門意見的結論。下列是審查會的理由，全都是冰冷得讓我們大感意外的理由：

①若是公開原本不公開的投標金額與投標企業名稱，除了會對業者的事業造成不利，也有可能影響業者的客戶。由於投標金額與投標企業名稱屬於條例規定的「營業活動機密」，所以不公開也沒有任何不合理之處。

②這是實施者為民營企業的重劃計畫，而實施機關（和歌山市）則扮演從旁輔助的角色。若是公開得標企業之外的法人名稱與投標金額，可能有損當事人的信用，也無法得到相關人士的諒解與協助，進而造成推動事業的障礙，所以不公開也沒有任何不合理之處。

換言之，和歌山市只是從旁輔助南海電鐵推動重劃計畫，至於新的市民圖書館則是在改建車站大樓時，順便建造的建築物，雖然針對圖書館的建造工程出資了三十億日圓，雙方也透過契約確定，圖書館在竣工之後，就讓渡給市政府，但市政府沒有直接參與施工，所以沒有權利公開南海與第三者之間的契約。

閒置一年七個月的審查申請照亮了官方文件的「黑暗」

話說回來，審查結果通常要等上好一段時間才會出爐。「市民圖書館研究會」總共申請了兩次，從申請審查到收到審查意見，兩次都耗費了兩年以上的時間。

雖然很耗費時間，不過第一次的審查申請的確需要耗費不少時間，一來是因為書面資料多達二百一十頁，二來是得詢問兩間投標業者的意願；但是第二次的審查（第二次審查申請）的書面資料只有五頁。從審查意見書來看，也知道審查內容非常單純，照理說，應該半年就能收到審查意見才對，所以審查意見耗費了兩年才出爐，實在非常奇怪。我將整個過程整理成圖表8，而其中最漫長的是從二○一九年三月十一日提出申請，到二○二○年十月二十三日和歌山市提出辯答書這段期間。光是這個步驟就耗費了一年七個月之久。

「市民圖書館研究會」於兩個月後的十二月提出異議書，而和歌山市根據雙方的主張，向審查會提出諮詢的時間是二○二一年一月。從申請審查之後，足足過了一年十個月。

在這段期間，和歌山市的資訊公開審查會至少召開了十次以上。當我查詢同時期其他案件的進度之後，發現於

【圖表8】「市民圖書館研究會」對和歌山市提出「第二次審查申請」的完整過程

2018年11月8日	市民圖書館研究會申請資料
12月17日	和歌山市以部分塗黑的方式提供投標紀錄
2019年3月11日	該會不服，提出申請
	～過了1年7個月，毫無動靜～
2020年10月23日	和歌山市提出辯答書
12月25日	該會提出異議書
2021年1月7日	審查會接受市長的諮詢書
2月2日	第1次審議（聽取和歌山市的意見）
2月15日	第2次審議（該會陳述意見）
7月27日	第3次審議
8月27日	審查會將審查意見書寄給該會

二〇二〇年四月提出審查申請的另一個案件，和歌山市於三個月後的七月就向審查會提出諮詢，審查會也於十一月提出審查意見，從提出審查申請到寄出審查意見，只花了七個月的時間。

本件的審查會也在二〇二一年一月七日受理諮詢書之後快速做出結論。二月二日聽取實施機關（市的負責部門）的意見，二月十五日以口頭的方式向市民圖書館研究會陳述意見，之後於七月二十七日進行第三次的審議，最後於八月二十七日通知市民圖書館研究會結論。

明明審查一啟動，就會像火車一樣加速前進，為什麼得耗費快兩年的時間才進入第一次審查的階段呢？當我問和歌山市資訊公開課「一般來說，申請審查之後，多快可以拿到辯答書呢？」沒想到對方回答我「大概一個月左右吧」，這真是太讓我吃驚了。

後來事情的真相才慢慢揭露。簡單來說，都市再生課的負責人雖然受理了「市民圖書館研究會」的審查申請，卻只是一直擺在自己的位置上，沒做任何處置。當我採訪這位負責人，他也只是支吾其詞地說「我聽說申請審查的人只是因為被別人唆使才申請審查，本人其實是想要取消審查的……」。我向市民圖書館研究會的朋友確認之後，對方直接了當地回答我：「怎麼可能有這種事情。」

我為了將這件事寫成報導，而請教了神奈川大學的幸田教授，他告訴我「申請審查之後，公家機關有義務盡快提出辯答書，方便審查會進行審查。因此，就算條例沒有規定提出辯答書的期限，只要書面資料不是過於龐雜，一旦刻意拖延，就很有可能違法」，我也將這段意見寫進了報導（「商業時報」，〈水道橋崩塌的和歌山市、重劃計畫的巨額投資……圍標與資訊隱蔽的疑雲〉，二〇二一年十月十一日）。

如今距離和歌山市第二次審查申請的審查意見出爐已經過了好幾年，而當筆者每次想起這件事，都不禁讓我想起日本財務省國有地出售文件竄改問題，也想起近畿財務局職員赤木俊夫被迫竄改文件而自殺的事件，同時也思考這兩樁事件的共通之處。

儘管和歌山市都市再生課的負責人沒有竄改文件，但很有可能收到了南海電鐵的報告，也參與了圍標。如果這個推論屬實，這位負責人應該很怕圍標這件事公諸於世，因為他有可能得為了這件事負起責任吧。

官民聯手圍標的罪，公訴期限為五年，若從RIA承辦「監工業務」的二〇一七年八月起算，只要拖過二〇二二年八月，負責人就能逃過一劫。

選擇RIA監工的南海電鐵雖然是民營企業，但是重劃計畫既然投資了巨額公帑，而和歌山市也公開承認選擇南海電鐵為相關業者有問題的話，或許就不能不對南海電鐵在翻修車站大樓之際一起建造的市民圖書館究責，這麼一來，一定都是基層的公務員背黑鍋。

或許正是因為如此，所以這位負責人才會不顧他人怎麼說，硬是將審查申請書放在自己的位置上，替自己多爭取一點時間吧。

由於審查申請書上面寫著申請日期，所以資訊公開審查會的事務局，以及負責審議的委員，還有經手相關文件的職員，一定都發現「市民圖書館研究會」提出的審查申請被閒置了一年七個月之久才對，而市政府的每個人都知道都市再生課的負責人為什麼會擱置這麼久，然後都堅持保持沉默的話，這就值得我提筆報導，因為這正是官方文件的「黑暗」之處。

第五章

遠比塗黑更惡劣的「文件不存在」

自衛隊工作日誌隱蔽問題、加計學園獸醫系新設問題也發生了文件不存在

在公家公開資訊的各種惡行惡狀之中，比起一堆「塗黑」的「海苔便當」，直接了當回覆「不存在」的情況有時更加惡劣。就算只是部分塗黑，至少還是寫了一點內容的「紙」，能從沒有塗黑的部分看出一些端倪，但是「不存在」是連「紙」都沒有，完全無計可施。

公家機關回答「不存在」，資料就真的不存在了嗎？那倒未必，因為可以解釋成「之前製作了資料，但現在不存在了」或是「存在，但不能給」，這實在是非常不合理又說不通的現象。

如果試著分類「不存在」這種類，大概可以立刻分成下列五種：

①真的沒有資料。

②有，但不存在（不是官方文件，是個人的備忘錄）。

③過了保存年限，已經廢棄。

④不能留下紀錄，所以乾脆不製作資料（分成有義務製作與沒義務製作兩種）。

⑤製作了資料，但不方便提供，所以只能一直說「沒有」（但其實是有的）。

①「真的沒有資料」，屬於不知道為什麼，總之現階段沒有「能提供給申請人的書面資料」的模式。

此外，職員製作了「個人備忘錄」，但因為不是官方文件，所以不能提供，而這就是②的模式。

照理說，職員與外部互動的電子郵件絕對是官方文件之一，但是職員的個人備忘錄不需要與組織分享，所以很常被認為「因為是個人的備忘錄，所以不能提供」，基本上職員都認為「放入共享資料夾就算是需要公開的官方文件，但沒放進去的資料就不算」。而市民越想要的資料，越容易以「未共享」為由拒絕提供。

常與②混為一談的是③的「過了保存年限，已經廢棄」模式。

一般來說，會計文件的保存年限為五年，而出差報告這類文件則設定為較短的一年，所以也常常被報廢。有些地方政府也設定過了一個月就自動從伺服器刪除電子郵件，所以更不容易取得資料。

而最近最引人注目的就是④的不能留下紀錄，所以乾脆不製作資料。

如果重要案件的會議紀錄或是批准文件消失，就一定會先懷疑是不是屬於④的模式。

最終極的「不存在」模式就是⑤的「製作了資料，但不方便提供，所以只能一直說『沒有』（但其實是有的）」的模式。

若上升至國家層級，我最先想到的就是自衛隊的工作日誌隱蔽問題。二〇一六年，記者布施祐仁要求公開自衛隊派遣ＰＫＯ部隊前往南蘇丹之際的工作日誌，沒想到明明已經報廢，後來才又發現統合幕僚監部留了電子檔，後續又在經過特別防衛監察之後，得知陸上自衛隊也保管了這份資料。

二〇一七年的加計學園獸醫系新設問題也是相同的模式。被內閣府視為「聽說總理的意向如此」或是「直達官邸最高層級」的文部科學省官方文件，曾一度被當成來路不明的文件，但後來得知文科省的多處部門都共享了這份文件。

除此之外，在二〇一六－二〇二〇年這段期間發生的官方文件問題，例如森友學園國有地出售紀錄，或是安倍口罩業者與厚生勞動省職員之間的電子郵件（後來得知，這部分的郵件超過一百封以上），大多屬於這種模式。在大部分的情況下，不管再怎麼努力否定，一直回答「沒有的資料就是沒有」，但如果一開始說「沒有」，後來卻被發現「曾經存在」的話，大眾當然會覺得公家機關總是像這樣隱瞞資料，也會越來越失去信用。

就「堅決拒絕向市民公開資訊」這層意思而言，這種「不存在」的回答與「塗黑」基本上是換湯不換藥，而本章則要透過筆者親身體驗的例子，從邀請蔦屋圖書館進駐的地方政府解析這個「不存在」的回答背後，究竟藏著什麼故事，同時為大家剖析這個難以理解的構造。

只有特定期間的會議紀錄消失的「會議紀錄抽取事件」

由於公家機關在進行重大決策之前，一定得召集相關人士達成協議不可，所以照理說，此時的會議紀錄一定會保留下來。可是筆者監視的蔦屋進駐地方政府（邀請蔦屋圖書館進駐的地方政府）卻不是如此，每當我覺得「這件事到底是怎麼決定的啊？」無法取得說明決策流程的文件乃是家常便飯。

若問與圖書館經營有關的「文件不存在」事件之中，那個事件最讓筆者氣到抓狂，那當然是二〇二一年的和歌山「會議紀錄抽取事件」。

這件事的導火線是二〇二〇年六月五日，新和歌山市民圖書館正式開幕之後的一個小事件。新市民圖書館提供了讓市民能夠自行借閱書籍的機器，讓市民可以不需要面對櫃台的職員，但是這台機器非常老舊，每次只能讀一本書的條碼。明明新圖書館的藏書都貼了ＩＣ標籤，只要將所有要借閱的書籍放在專用的讀取機台就能瞬間完成，但為什麼和歌山市要採用這種老舊的條碼方式呢？

當我想跟和歌山市教育委員會負責這件事的課確認這件事，對方回答我「ＩＣ標籤的設置費太高，所以無法採用」。當時全館藏書多達四十五萬冊，要全部貼上ＩＣ標籤的確是筆沉重的負擔，但和歌山市明明在搬遷新圖書館之際，準備斥資三億多日圓導入新系統，為什麼ＩＣ標籤卻不包含在這筆費用之中，這不禁讓我感到不可思議。

隔月七月上旬發生了一件讓心中這股疑惑轉換成「質疑」的事件，那就是我請教某位住在關西的圖書館專家前往視察剛全面開放的和歌山市民圖書館之後的感想，而他給我下列的回應，讓我更是質疑和歌山市的做法。

「四樓的兒童書籍採用了ＣＣＣ特有的『生活型態分類』，導致小學生很難找到需要的學習用書。」

筆者聽到的當下，還以為自己聽錯了，因為在開館之前，和歌山市明明宣稱「只有二樓的五萬冊會採用生活型態分類這種方式」，其他的樓層則與一般的圖書館相同，全部採用

NDC（日本十進分類法）。

二〇一五年，CCC提出了獨創的生活型態分類，也於重新裝潢的神奈川縣海老名市立中央圖書館應用，沒想到這套分類方式居然把《卡拉馬助夫兄弟們》或《出埃及記》歸類在「旅行」這個分類，CCC也因此遭受抨擊。重視這項問題的和歌山市的「市民圖書館研究會」於二〇一七年十二月CCC被選為指定管理者之後，就強烈反對採用該公司這套獨創的分類系統。

儘管「市民圖書館研究會」從二〇一七年十二月之後就再三要求市教委不要採用CCC獨創的分類，但是市教委卻怎麼也不願意召開說明會，理由是CCC在進行簡報的時候答應「只有二樓的五萬冊藏書會採用敝公司獨創的分類方式」，許多市民也不斷地提出相同的要求。

然而，在二〇二〇年六月全面開館後，採用這套特殊分類方式分類的書籍多達七萬冊，比當初答應的數量多出兩萬冊，而且除了二樓之外，連四樓的兒童書籍（不包含在上述的七萬冊之內）也套用了CCC特殊的分類方式。

當我詢問和歌山市教育委員會相關部門「為什麼連四樓的兒童書籍專區也採用CCC的特殊分類」，圖書館設置準備班負責人M如此回答：

「和歌山市民圖書館的兒童書籍原本就不是以NDC的方式分類，是依照出版社類別進行分類，但這種分類方式不方便，因此我們部門的司書（圖書館館員）與CCC商量之後，為和歌山重新設計了一套量身打造的分類方式，所以目前採用的不是CCC的特殊分類方式。」

不過，當我仔細研究所謂為了和歌山量身打造的兒童書籍分類項目與體系，發現與其他蔦屋圖書館採用的方式（CCC的生活型態分類的兒童書籍）完全一樣，「到底為什麼會變成這樣？」負責人M的回答如下：

「這部分的討論已於和歌山市與CCC的例行會議的會議紀錄詳載，請您自行查閱。○○先生（我在「市民圖書館研究會」的朋友）已申請了這份會議紀錄，資料已經全部公開了喲。」

此外，行政職員向他人洩漏申請資料者的姓名也是違法行為。

因此我決定向市民圖書館研究會的朋友借了剛剛提到的例行會議的會議紀錄，進行進一步的分析。

這份會議紀錄總共有四十八頁，其中雖然有些個人資訊與企業機密被塗黑，但大部分的內容都能順利閱讀。

不過，不管筆者如何翻閱，都找不到筆者想知道的ＩＣ標籤設置費用與採用特殊分類方式的內容。在ＩＣ標籤的部分，最多只能看到以採用ＩＣ標籤為前提與ＣＣＣ協議的過程，但是這份會議紀錄卻完全沒提到這項方針最終如何被推翻。

此外，進一步研究會議紀錄的會議日期，就會發現其中有幾個月的會議紀錄消失了。這是忘了提供嗎？

當我詢問負責人Ｍ，他回答我「請給我一週的時間」，沒想到就這樣沒有下文。由於我實在等到不耐煩了，所以便打了好幾次電話給對方，總算在十天後堵到負責人Ｍ，結果他只冷冷地回答「沒有找到」。然而我沒有就此死心，希望他找找看職員個人電腦是否保存了相關的紀錄，如果當時留了一些備忘錄，請他根據備忘錄製作一些簡單的紀錄，沒想到一樣沒有這類備忘錄。當我繼續追問：「能不能問問全課是否有人保存了相關的紀錄？」之後，負責人M終於不耐煩地大罵：「就跟你說，我已經花了一週搜尋共享資料夾，但是就沒找到那段期間的資料啊！」

筆者聽到電話另一頭的負責人M如此暴怒的回應之後，真的是愕然失聲。明明負責人M的職責是管理與保管官方文件，沒想到他不僅不覺得「沒有相關文件」有什麼問題，也不懂得反省，居然還敢如此惱羞成怒。

「我看了會議紀錄之後，了解了四樓兒童書籍採用那種分類方式的過程，明明誇下海口要替和歌山市量身打造分類方式，為什麼會沒有相關的會議紀錄呢？」

筆者也忍不住大聲了起來。為什麼會找不到資料？相關的會議召開了嗎？如果找不到資料，不能根據職員的個人備忘錄還原嗎？不是應該提供CCC製作的會議紀錄嗎？沒想到對方對此一句解釋也沒有，只是一味地說「沒有的東西就是沒有」。

日後，該課課長解釋：「沒有留下相關的會議紀錄是因為這不是重要的事情。」但是對和歌山市來說，變更兒童書籍的分類方式，應該與圖書館的基本經營方式息息相關才對。

與CCC的例行會議是在CCC被選為和歌山市市民圖書館指定管理者的二〇一七年十二月下一季，也就是二〇一八年四月開始，直到七月為止，以每月一到二次的頻率召開，討論服務內容與搬遷作業的行程規劃。若從日期來看，同年七月十一日之後，例行會議就突然停辦，後續的七個半月都呈空白狀態。

直到隔年二〇一九年三月五日的會議召開後（圖32），會議紀錄才又復活。此時會議紀錄的格式也完全不同。從所有和歌山市的與會者都加上了敬稱來看，後半部會議紀錄應該都是由CCC製作。

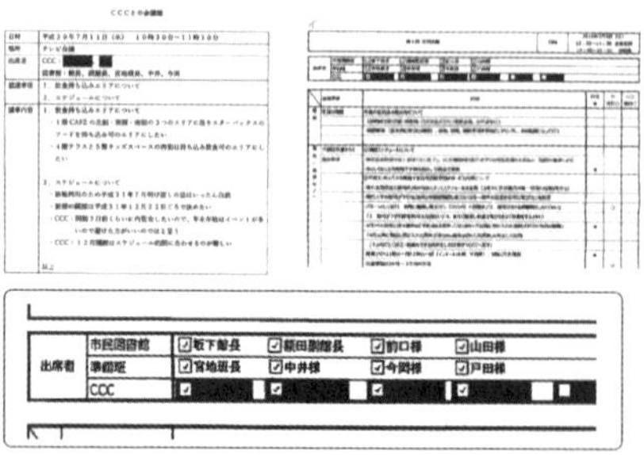

【圖 32】2018 年 7 月 11 日的會議紀錄（左）與 2019 年 3 月 5 日的會議紀錄（右）。2018 年的會議紀錄在 7 月 11 日的時候中斷，直到 2019 年 3 月 5 日才又復活。放大 2019 年 3 月 5 日的會議紀錄的部分內容（下），可以發現市政府的職員姓名都加上了敬稱（様）。從這點來看，之後的會議紀錄有可能都是由 CCC 製作。

我很難想像中間的七個半月完全沒有召開會議這件事。負責人的說法是「分成整體會議與討論相關服務的各科會議」，但這些會議在這段期間的會議紀錄也都不存在。

照理說，如果是部分不公開的文件，上述部分的會議紀錄應該會被全面塗黑，如果資料不存在的話，應該會以「過了保存期限，所以報廢」這個理由回應，也能知道是哪些部分的資料不存在，但結果卻不是這樣，我唯一的結論就是某個人偷偷抽掉這段期間的會議紀錄，如果這個推論屬實，這絕對算得上是竄改公文的違法行為吧。

在說明「不存在」的理由時，明顯前後矛盾

二〇二〇年六月，和歌山市民圖書館全面開館之後，CCC被選為指定管理者與官商圍標疑雲的採訪也告一段落，仔細監看CCC圖書館經營模式的筆者過了一陣子之後，發現承辦公務的CCC與發包公務的和歌山市之間關係似乎有些不尋常。明明日常業務這類瑣碎的內容都詳加記載，但那些筆者覺得很重要的部分卻完全沒有留下任何協議的紀錄。

其中最典型的例子就是指定管理者必須符合的司書證照率。準備繼武雄市之後，以全面翻新的方式在二〇一五年引入第二座蔦屋圖書館的海老名市，在跟CCC簽定基本協議時，

要求CCC「一半以上的員工需要具備司書證照」，但是由第三者進行評信的二〇一七年度的某個時期，由CCC經營的中央圖書館被踢爆司書證照率不到50%，違反了當初的協議。CCC是否為合格指定管理者這件事也被拿到海老名市議會討論。

就在此時，於二〇二〇年六月，新市民圖書館全面開館之後，和歌山市在「超過50%以上的CCC員工必須具備司書證照」這段說明的前面加入了「不包含兼職職員或管理設備的員工」。乍看之下，這似乎不是什麼大事，但仔細一查才發現，這段但書的影響層面十分巨大。

假設員工總人數為八十人，那麼要符合「50%以上」這個條件，就必須有四十人具備司書證照，但如果不包含「兼職人員」，就會變成全職員工二十人的一半，也就是十個人具備司書證照就符合條件，換言之，需要具備證照的人數達到海老名市的相同規定的四分之一即可。

為什麼和歌山市會甘願自行降低圖書館業務的品質呢？我以為是在與CCC協議時被迫讓步，便針對此事索取協議相關資料，沒想到得到的答案是「不公開」，理由是「未製作」。

當我繼續追查司書證照率的條件於何處記載之後，沒想到居然是在ＣＣＣ被選為指定管理者前夕的二〇一七年十月製作的指定管理者甄選要項（業務要求水準書）之中。和歌山市在還不知道指定管理者是誰的公開甄選階段，就已經大幅放寬司書證照率的條件。這到底是為什麼？該不會設定這個甄選條件的是ＣＣＣ吧？筆者不禁如此推測。

開幕隔年的四月，筆者有機會因為別件事與設定甄選條件的和歌山市教委課職員通電話，儘管我知道這樣做很唐突，但我還是趁機試著以下列的方式套話。

「想請教一下，司書證照率的條件是以何種根據改成不包含兼職員工的50％以上呢？該不會是由ＣＣＣ提供草案的吧？」

對方的回答是：「我有點不太記得，但不是由ＣＣＣ提出草案，而是參考其他地方政府的案例才如此設定。」

當我繼續問哪個地方政府設定了「不包含兼職員工的50％以上」這種條件呢？對方便回答「我不記得了」，這真的是前後矛盾的回答，而且對方還說「由於現在很難找到擁有司書證照的人，所以才設定這種條件」。

因此筆者便如此反駁：「在直營時代（由市政府直接雇用圖書館員工的時期），和歌山市民圖書館約聘員工的司書證照率幾乎是百分之百喔，從甄選指定管理者之後，ＣＣＣ繼續聘用這些約聘員工的方針來看，改由民間業者負經營圖書館之後，設定高一點的標準才正常不是嗎？」

結果對方又回答了語意不清的答案。

「和歌山市的確是如此，但是縣內的其他市就很難達成標準，例如岩出市就是……」

這位負責人似乎想要隱瞞一些事情，但每當我反駁他，他就會露出馬腳，這也更讓我懷疑，指定管理者的甄選條件草案是由ＣＣＣ製作的。

圖書館附設咖啡廳的租金減少九成，相關的決策資料卻「不存在」

除了司書證照率之外，另外還有一個決策資料完全「不存在」的事件，那就是在全面開館的兩年後才發現的「星巴克蔦屋書店租金減少九成疑雲事件」。

當我追查圖書館附設門市租金是於何時決定時，發現是於二〇一七年十月公開的指定管理者甄選條件設定，其中規定「投標者必須以自主事業的方式，針對市民圖書館一樓的咖啡廳服務事業提案」，也指出以非行政財產（咖啡廳的專用座位）用途使用之際，「以目前的情況試算，每年的租金約為每平方公尺三萬一千八百五十一日圓」（圖33）。

該館的一樓面積約為一千六百六十九．一五平方公尺，若一半的面積，也就是八百平方公尺作為民營企業的門市使用，指定管理者每年應該向和歌山市支付二千四百萬日圓左右的租金。換算成月租，大概是二百萬日圓左右（於二〇一八年開幕的山口縣周南市德山站前圖書館的一樓約有六成的面積為ＣＣＣ的門市）。

同樣入駐該車站大樓的醫療商場的租金為每年三萬六千日圓每平方公尺（每月三千日圓），若從大樓完成前就事先招商的情況來看，每年三萬日圓平方公尺的租金雖然遠低於行情，但從公共設施的角度來看，還算可以容許的範圍。

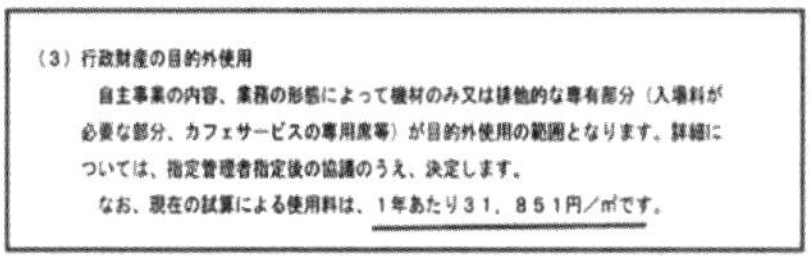
（3）行政財産の目的外使用
自主事業の内容、業務の形態によって機材のみ又は排他的な専有部分（入場料が必要な部分、カフェサービスの専用席等）が目的外使用の範囲となります。詳細については、指定管理者指定後の協議のうえ、決定します。
なお、現在の試算による使用料は、1年あたり３１，８５１円／㎡です。

【圖 33】指定管理者甄選條件提到了「以目前的情況試算，每年的租金約為 31,851 日圓／ m^2」這點。

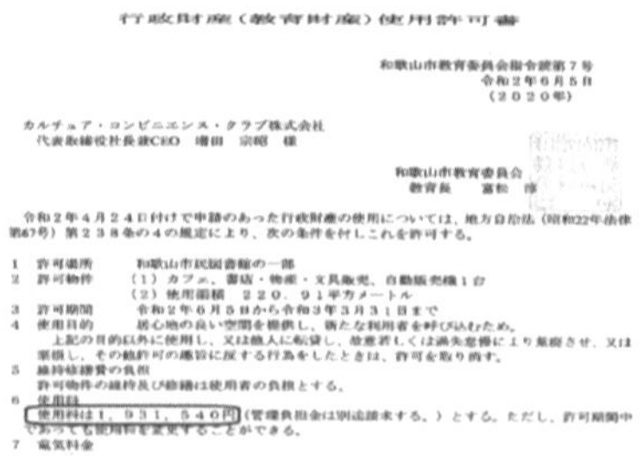

行政財産（教育財産）使用許可書

和歌山市教育委員会指令號第7号
令和2年6月5日
（2020年）

カルチュア・コンビニエンス・クラブ株式会社
代表取締役社長兼CEO 増田 宗昭 様

和歌山市教育委員会
教育長 富松 淳

令和2年4月24日付けで申請のあった行政財産の使用については、地方自治法（昭和22年法律第67号）第238条の4の規定により、次の条件を付しこれを許可する。

1 許可場所 和歌山市民図書館の一部
2 許可物件 （1）カフェ、書店・物産・文具販売、自動販売機1台
（2）使用面積 220.91平方メートル
3 許可期間 令和2年6月5日から令和3年3月31日まで
4 使用目的 居心地の良い空間を提供し、新たな利用者を呼び込むため。
上記の目的以外に使用し、又は他人に転貸し、故意若しくは過失怠慢により某損させ、又は棄損し、その他許可の趣旨に反する行為をしたときは、許可を取り消す。
5 維持修繕費の負担
許可物件の維持及び修繕は使用者の負担とする。
6 使用料
使用料は1,931,540円（管理負担金は別途請求する。）とする。ただし、許可期間中であっても使用料を変更することができる。
7 電気料金

【圖 34】行政財產（教育財產）使用許可書明文記載「使用費為 1,931,540 日圓」，許可期間為令和 2 年 6 月 5 日至令和 3 年 3 月 31 日這 10 個月。換算之後，每月租金僅 19 萬日圓。

凡事都有個「可是」。在CCC被正式選為指定管理者之後，二〇二〇年六月五日的新市民圖書館開幕當天公開的行政財產使用許可書（圖34）卻提到，實際的租金（土地、建築物使用費）每月約十九萬日圓（換算成年租為二百三十二萬日圓），不到甄選條件明文記載的「參考租金」的十分之一，這真是讓人不禁倒抽一口氣的大降價啊。

這簡直就像是二〇一六年，大阪府豐中市以扣除垃圾清運費八億日圓為名目，將時價九億日圓的國有地以一億日圓賤賣的森友學園事件在眼前重新上演一樣。

儘管和歌山市在甄選市民圖書館指定管理者的時候，提出了大部分的業者都不感興趣的條件，但是當CCC被選為指定管理者，開始經營之後，租金卻降到離譜的程度。

看了這份使用許可書之後，最先覺得不對勁的部分就是使用面積。

在使用許可書之中，許可物件的「咖啡、書店、伴手禮、文具銷售、自動販賣機一台」的使用面積為「二二〇・九一平方公尺」，而市民圖書館的一樓面積大約是一六七〇平方公尺，照理說，再怎麼算，需要支付租金的使用面積應該有八〇〇平方公尺才對。但實際上，ＣＣＣ只需為了二〇〇平方公尺左右，也就是只有四分之一左右的面積支付租金。

看了圖面（圖35）就可以發現箇中的蹊蹺，原來使用許可書只將咖啡廳的桌子、櫃台以及書店的書架這類屬於門市的部分視為需要付費的空間，至於地板、樓層這類「共用空間」則完全不算是需要付費的空間。這只讓我覺得，這麼做是為了盡可能省租金，才刻意如此規定。

從開館之後的新聞報導畫面可以得知，一樓有八成以上的面積屬於咖啡廳與書店的空間，而且只有一小部分屬於圖書館的空間，例如上方二樓的書架就是其中之一，其他都是ＣＣＣ的門市空間。但是上述的使用許可書卻剛好相反，把大部分的

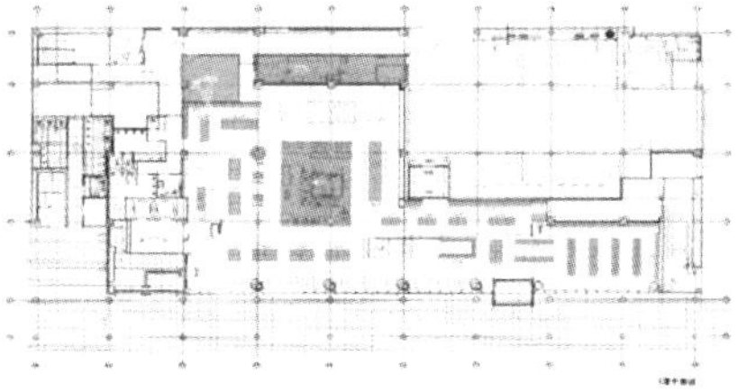

【圖35】這是和歌山市民圖書館一樓的圖面。需要支付租金的部分只有灰色網底的部分。

空間都視為「共用空間」，不管是誰來看，都會覺得這是為了縮小需要支付租金的範圍才刻意這麼故。

不過，正因為使用面積過小，和歌山市未能充分說明租金低於十分之一的理由。另一個讓租金變得這麼低的理由則是租金（土地、建築物使用費）的單價變低（圖36）。以使用面積（二二〇・九一平方公尺）除以行政財產使用許可書記載的租金之後，會發現開幕之後的年租為每平方公尺一萬日圓左右，只有甄選條件的每平方公尺三萬日圓的三分之一。

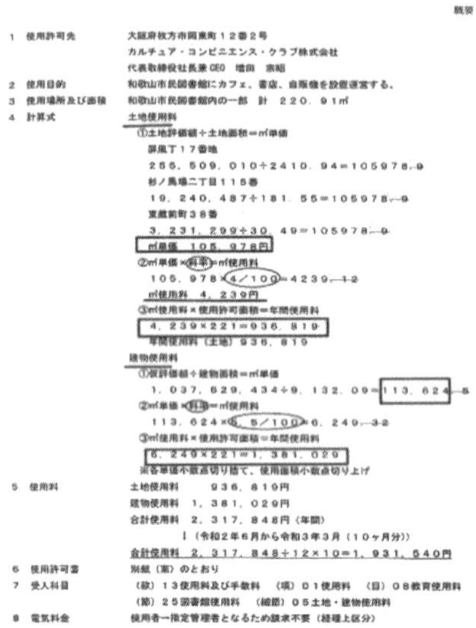
概要

1　使用許可先　大阪府枚方市岡東町１２番２号
カルチュア・コンビニエンス・クラブ株式会社
代表取締役社長兼CEO　増田　宗昭
2　使用目的　和歌山市民図書館にカフェ、書店、自販機を設置運営する。
3　使用場所及び面積　和歌山市民図書館内の一部　計　２２０．９１㎡
4　計算式　土地使用料
①土地評価額÷土地面積＝㎡単価
湊風丁１７番地
２５５，５０９，０１０÷２４１０．９４＝１０５９７８．９
杉ノ馬場二丁目１１５番
１９，２４０，４８７÷１８１．５５＝１０５９７８．９
東蔵前町３８番
３，２３１，２９９÷３０．４９＝１０５９７８．９
㎡単価　１０５，９７８円
②㎡単価×料率＝㎡使用料
１０５，９７８×４／１００＝４２３９．１２
㎡使用料　４，２３９円
③㎡使用料×使用許可面積＝年間使用料
４，２３９×２２１＝９３６，８１９
年間使用料（土地）９３６，８１９
建物使用料
①評価額÷建物面積＝㎡単価
１，０３７，６２９，４３４÷９，１３２．０９＝１１３，６２４．５
②㎡単価×料率＝㎡使用料
１１３，６２４×５．５／１００＝６，２４９．３２
③㎡使用料×使用許可面積＝年間使用料
６，２４９×２２１＝１，３８１，０２９
※各単価小数点切り捨て、使用面積小数点切り上げ
5　使用料　土地使用料　９３６，８１９円
建物使用料　１，３８１，０２９円
合計使用料　２，３１７，８４８円（年間）
↓（令和２年６月から令和３年３月（１０ヶ月分））
合計使用料　２，３１７，８４８÷１２×１０＝１，９３１，５４０円
6　使用許可書　別紙（案）のとおり
7　受入科目　（款）１３使用料及び手数料　（項）０１使用料　（目）０８教育使用料
（節）２５図書館使用料　（細節）０５土地・建物使用料
8　電気料金　使用者＝指定管理者となるため請求不要（経理上区分）

【圖 36】「CCC 於和歌山市民圖書館設置咖啡廳、書店、自動販賣機」所租用的土地與建築物使用費的說明書。

若將每平方公尺一萬日圓這個單價套用在一般的房屋租賃市場，

大概就是二十平方公尺的套房的月租只需要一萬六千日圓左右，這種價錢連屋齡五十年，沒有浴缸的木造公寓都租不到，更何況是超蛋黃區縣廳所在地終點站的新建大樓，如果其中沒有任何政治力的干擾，怎麼可能用這麼便宜的租金租到如此熱門的地段。

一如森友學園價值九億日圓的土地為什麼只以一億日圓賤賣的問題，這個事件的問題在於，明明甄選條件明文記載非行政財產用途的使用費為「每平方公尺三萬日圓」，究竟是基於什麼樣的理由在ＣＣＣ被選為指定管理者之後，調整至三分之一的呢？此外，為什麼ＣＣＣ可以申請以桌子或是書架作為劃分租用面積的單位呢？為什麼ＣＣＣ這種超乎常識的申請可以通過呢？在發現這種舞弊疑雲之後，市民圖書館研究會請和歌山市教委提供調降租金過程的書面資料。

結果，市民圖書館研究會雖然取得了十七頁的書面資料，但都是二〇二〇年六月五日開幕當天才決定的行政財產使用費的書面資料。說明二〇一七年甄選條件「每平方公尺的年租為三萬日圓」的參考租金是以何種計算根據算出的資料一頁也沒有。

和歌山市教委既沒有提供任何租金調降理由有關的資料，也一直以話術欺瞞市民。

就在筆者於同年八月九日申請與「市民圖書館研究會」同一份資料之後，和歌山市的相關部分提到「當時雖然沒有製作說明降價過程的官方文件，但接下來會製作相關的書面資料」，心不甘情不願地提出「文書不存在」的證明。雖然對方因為無法回應「文件不存在」而願意另外製作說明降價過程的書面資料，但筆者認為，不是當時的紀錄就無法證明任何事實，所以拒絕了對方的說法。

有可能是揣測市長的心意，而習慣不留下任何紀錄

在我仔細閱讀提供給「市民圖書館研究會」的十七頁書面資料之後，得知了一件很值得深究的事情，那就是租金是於正式開幕當天的二〇二〇年六月五日決定。在請示上層做出這個決定的簽呈（六月三日起案，六月四日定案）附了租金計算根據的書面資料。

仔細查閱這份書面資料之後，租金的確是依照條例的規定計算，而且作為計算基準的固定資產評估金額也是資產稅課的訪價結果，條例記載的費率也沒有被竄改的痕跡。

這意思是，如果以固定資產評估金額計算非行政財產用途的使用費，就會算出遠低於市場行情的租金，不禁讓我懷疑，該不會公家機關早就有此打算，才如此計算租金吧？

反過來說，二〇一七年指定管理者甄選條件的「每平方公尺三萬日圓」才不太對勁。在公開甄選條件之前的五個月才剛發表了基本設計，此時建築物的設計連個影都還沒有，所以很難算出參考租金計算根據的固定資產評估金額。

對於筆者的這個疑問，和歌山市的相關部門回答「二〇一七年當時的參考租金是根據權利轉換計畫提出的金額計算」，但在此之前，權利轉換計畫的相關文件完全沒有公開。讓租金大幅下降的一大主因是租用面積縮小，但這部分也沒有公開任何資料，沒有半點市政府與CCC協商的痕跡。

能夠驗證上述事項的書面資料只有在正式開幕的一個半月之前（二〇二〇年四月二十四日）由CCC寄給教育長的「行政財產使用許可申請書」而已。這份申請書附了將桌子與書架標色的圖面（見圖35），明明這種圖面就很荒唐，若是事先沒有交涉過，被駁回也很正常，但是CCC還是順利地取得許可。而且，在開幕之前，門市通常都需要進行員工訓練，但是CCC根本沒取得開業準備期間在門市進行員工訓練的許可，這等於是在這段期間免費向市政府借用了場地（山口縣周南市德山站前圖書館的例子則不同，CCC付了開業準備期間的租金）。

由於新冠疫情蔓延，所以比預定時間還晚開幕，但事前CCC應該與相關部門協商過，但這部分一樣沒有留下半點紀錄。

到底為什麼，這種近似黑箱的行為能夠在和歌山市行得通呢？

首先，規範非行政財用途的相關條例雖然定義了使用費徵收範圍的規定，但在這些規定之中，沒有半條是以專用的桌子或是書架作為劃分租用範圍的單位，極度限縮租用範圍的規定，所以這應該是基於市長（名目上是教育長）的自由心證所裁定的做法。相關的條例的確賦予市長權力，讓市長能夠在公益團體推動公益事業時減免使用費，但是當對象是以營利為目的的民營企業，就不適用這種規定。

此外，根據管財課的說法，自條例通過的昭和三十九（一九六四）年以來，土地的使用費率就從來沒有修改過，而這個使用費率正是用來計算業者於公共設施設立門市時的使用費基準，至於建築物的費率，在消費稅通過之前為5％，在消費稅通過之後，以百分之零點幾為幅度慢慢地漲價，現在也只漲到5.5％而已。

照理說，蔦屋圖書館這種由民間企業作為指定管理者，大鳴大放推動的事業，應該依照實際情況修正非行政財產用途的相關規則。然而公家機關卻沿用迂腐的條例，讓指定管理者能夠以疑似利益輸送的低廉租金在公共設施經營門市。

在這種背景之下，我不得不懷疑市長是不是與特定企業勾結，對該企業一路開綠燈，而市政府的職員則習慣揣測上意，不留下任何相關的資料，讓任何人連對市長提出異議都沒辦法。

筆者創設的部落格（幾乎月刊蔦屋圖書館）的留言欄，有位應該是相關人士的讀者留下了下列這些不平之鳴的內容。

與其說是邀請CCC，倒不如說是議會的高層與市長都只想著邀請能夠創造人潮的星巴克入駐，你們的工作就是「將圖書館業務順利地交棒給CCC，一切便宜行事即可」，所以○○先生或是其他職員的會議紀錄都不會提到不該提的事情。官方文件之所以沒有留存，有可能是根本沒有提出，而不是擔心不該提及的事情曝光而報廢了相關的文件。

由於職員都是在市長的淫威之下製作資料，所以資料當然會錯誤百出，前後矛盾。一旦被問「為什麼是這樣？」他們也只能回答「因為市長下令這麼做」，只想著敷衍過去就好，所以只要尾花（正啟）市長還是市長，就絕對無法取得足以證明事實的資料。

沒有「因為是瑣事，所以不需要製作書面資料」的規定或條例

每當我看到明明是重要決策，卻沒有留下半點紀錄的和歌山市案例，就覺得要確保行政

流程的透明性，除了得制定資訊公開規則這種「出口」，還得設定官方文件管理與製作規則的這種「入口」。

在二〇一一年全面實施的官方文件管理法規定「地方政府必須根據這項法律的意旨，制定妥善管理書面資料的政策，以及努力實施這項政策」（第34條），意思是，這項官方文件管理法要求地方政府必須積極管理官方文件。不過，到目前為止，仍有地方政府未制定公文官方文件管理條例，也未制定需在何種情況下製作官方文件，又該如何管理這些文件的相關細則，而和歌山市可說是最典型的例子之一。

為什麼圖書館館內門市的租金沒有相關的文件？到底有沒有規範書面資料製作的相關規則？我從二〇二一年之後就鍥而不捨地追究此事，但唯一得到的答案是，根本沒有任何規範市政府職員製作官方文件的指南或規則。

【和歌山市文書管理規程三條】為了讓職員得以將事務、事業的全貌與決策流程暨相關實績留下紀錄，以及方便日後驗證，必須製作相關書面資料。不過，若是情節輕微的事件則

不在此限。

在我不斷請教總務課與教育委員會，不斷地調查相關資料之後，發現與「是否製作官方文件」有關的條文只有這條。明明關於文件的製作方式、樣式、請求裁決的格式都有鉅細靡遺的規定，唯獨「情節輕微的事件」沒有相關的規定與示例，到底什麼樣的事件一定要製作文件，以及「情節不算輕微的事件」又是什麼？全部交由職員自行判斷，這也是目前的情況。

資訊公開清算所三木由季子理事長曾如下批評地方政府這種「書面資料不存在」的問題：

> 中央政府曾修正以官方文件管理法為雛形的指南，釐清了文件製作義務的範圍，地方政府則因為需要自行制定管理文件的制度，所以各地地方政府的做法都不同，有些地方政府也未針對決策的結果與過程，制定足以規範文件製作義務的條例，任由職員自行決定是否製作文件，抑或製作不需要與組織共享的「個人備忘錄」，所以

才會演變出「文件不存在」這類問題。不過，若是未召開會議，或是沒有會議紀錄，應該很難推行業務，所以許多職員才會以個人備忘錄的方式留下紀錄。我希望職員都能將個人的備忘錄或是在開會時寫下的紀錄整理成官方文件。

監察委員承認「申請行政財產使用許可的過程有瑕疵」

二〇二〇年六月新市民圖書館搬遷至南海電鐵和歌山市站與開幕後，接二連三爆發了一連串與CCC經營方式有關的醜聞。未公開公司名稱的徵才廣告（以和歌山市民圖書館為名徵才）；在新冠疫情延燒之際，在四樓的兒童書籍專區舉辦了人數違反國家指南（低於最大可容納人數的50％）的活動；司書證照率大幅放寬；門市租金減少九成等，相關的醜聞接踵而來。

此外，CCC被發現在和歌山市的旺季違反契約當二房東，將館內共用空間臨時租借給其他店家；或是將圖書館館內星巴克的瓦斯費、電費明細當成「企業機密」塗黑，結果在透過其他資料解密之後才發現，該星巴克的瓦斯費與電費不到一般店家的四分之一，蔦屋書店每月負擔的電費只有六千日圓；或是和歌山市未要求CCC支付門市在開業準備期間的瓦斯與電費；抑或公私不分，讓圖書館員工負責經營門市，越是調查就越發現，經營圖書館的CCC在一般市民難以得知之處，享受了來自市政府的特別待遇，而這些事實也陸續攤在公眾面前。

不過，就算筆者將這些質疑或是醜聞寫成部落格文章或是網路新聞，市議會也未曾排案討論，當然也不見任何改善的跡象。

因此筆者便於二〇二二年十一月之後，將自行調查的內容交給之前幫忙申請審查的「市民圖書館研究會」的朋友，請他根據這些醜聞申請監察，這位朋友也於二〇二二年十二月二十七日提出住民監察請求。

隔年二月，和歌山市監察委員全面駁回申請。與資訊公開個人資訊保護審查會不同的是，監察委員通常由市長自行挑選的議員或是公家機關的前職員擔任，所以不太會通過市民的申請。即使如此，和歌山市的監察委員仍然認為，在上述由筆者自行調查的內容之中，有一部分在「申請行政財產使用許可的過程出現瑕疵」，也做出「正是這些瑕疵才導致市民對市民圖書館營運產生質疑」的結論。

雖然申請被駁回了，但筆者認為讓市民質疑ＣＣＣ經營方式的這項事實留下正式紀錄這點算是收穫之一。如果連這個正式紀錄都沒有，就真的是船過水無痕了。

另一方面，在地媒體的反應也很異常。在「市民圖書館研究會」申請住民監察時，我那位朋友透過記者俱樂部發送相關的資料，也仔細地說明了申請監察的理由，可惜沒有任何一家在地媒體報導這次申請監察的新聞。

更有甚者，朝日新聞還在二〇二三年一月二十七日和歌山版報導，市民圖書館來館人數於搬遷兩年半之際達到兩百萬人，這擺明就是造神的報導。有些人對於ＣＣＣ發表的來館人數提出質疑，認為ＣＣＣ提出的來館人數包含了咖啡廳、書店、車站大樓的使用人數（美術館或博物館會以購票人數計算使用人數，而免費的圖書館則以通過閘門的人數或是攝影機偵測的人數計算使用人數），而且計算出入人數的機器也被踢爆有重複計數的問題。儘管如此，朝日新聞仍不顧這些質疑，照抄「累計來館人數超過兩百萬人」這個CCC發布的新聞稿，替CCC寫了一篇阿諛奉承的報導，了解箇中實情的人無不傻眼。

雖然這在邀請蔦屋圖書館進駐的地方政府算是稀鬆平常的情況，但這種完全不理會市民意見的案例仍屬罕見。

圓不了的謊曝露「不存在」的官方文件其實存在

雖然「文件不存在」與「塗黑」這類不讓市民取得資訊的手法都遭受抨擊，但是當公家機關的職員直接了當地回答「沒有的東西就是沒有」時，市民再怎麼覺得「不對，應該有相關的紀錄才對」，也無計可施。如果公家機關的職員不想提供會讓自己遭受抨擊的資訊，平常就一定會盡可能不留下紀錄，這也是職員最簡單快速的明哲保身之術。

不然就是把不該留下紀錄的內容寫成「個人備忘錄」，不放進共享資料夾，讓這些內容「不存在」。就算是「分享」，也只需要分類為「情節輕微的事件」，不到一年就能夠報廢。

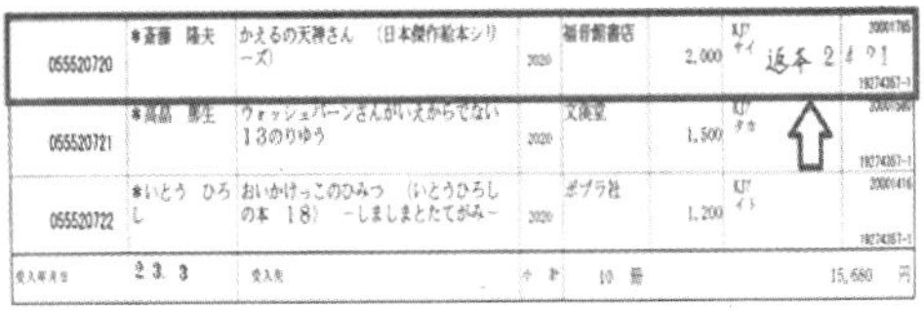

055520720	＊斎藤　隆夫	かえるの天神さん　（日本傑作絵本シリーズ）	2020	福音館書店	2,000	KJ7 サイ	返本 [illegible]	[illegible] 19274367-1
055520721	＊髙畠　那生	ウォッシュバーンさんがいえからでない13のりゆう	2020	文溪堂	1,500	KJ7 タカ		[illegible] 19274367-1
055520722	＊いとう　ひろし	おいかけっこのひみつ　（いとうひろしの本　18）　－しましまとたてがみ－	2020	ポプラ社	1,200	KJ7 イト		[illegible] 19274367-1
受入年月日	2 3. 3	受入先	小計	10 冊			15,680 円	

【圖 37】這是和歌山市民圖書館西分館的藏書記錄表。出版社要求還書的圖書欄位出現了手寫的「返還」一詞，而且還押了日期。根據這項資訊申請「說明返還過程的文書與相關根據」之後，CCC 提出的檢討報告便公開了。

不過，即使費盡心機，紙依舊包不住火。只要不斷地追究事實，這些職員終究會自打嘴巴，不得不交出隱瞞的資訊，這就是申請資料公開的可怕之處。

比方說，二〇二三年六月，筆者聽說和歌山市民圖書館搬遷之際，大量的書籍遺失，但不管筆者怎麼調查除籍資料，都找不到證明這件事的文件，不過就在我申請記載西分館所有藏書資料的藏書記錄表（約一千二百張，二〇一九至二〇二〇年度），發現《青蛙的天神大人》（かえるの天神さん）這本兒童書籍被標記為「返還」（圖37）。因此筆者便申請「說明返還過程的文書與相關根據」的書面資料，後來於二〇二四年三月收到了圖38的檢討報告。

在此之前，筆者曾不斷地向負責相關事宜的讀書活動推進課索取特定期間的除籍相關資料，但對方都堅決否定這類資料存在，直到我取得藏書記錄表的資料，對方無法再自圓其謊之後，才不得不拿出檢討報告與相關的除籍資料。

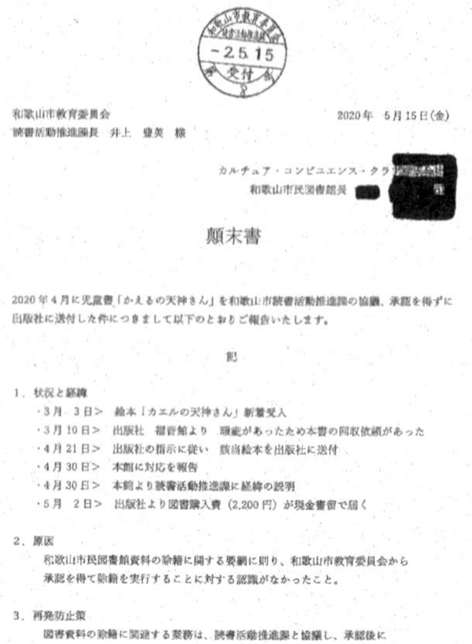

和歌山市教育委員会
−2.5.15
受付

和歌山市教育委員会　　2020年　5月15日(金)
読書活動推進課長　井上　豊美　様

カルチュア・コンビニエンス・クラ[redacted]
和歌山市民図書館長 [redacted]

顛末書

2020年4月に児童書「かえるの天神さん」を和歌山市読書活動推進課の協議、承認を得ずに出版社に送付した件につきまして以下のとおりご報告いたします。

記

1．状況と経緯
・3月 3日＞　絵本「カエルの天神さん」新着受入
・3月10日＞　出版社　福音館より　瑕疵があったため本書の回収依頼があった
・4月21日＞　出版社の指示に従い　該当絵本を出版社に送付
・4月30日＞　本館に対応を報告
・4月30日＞　本館より読書活動推進課に経緯の説明
・5月 2日＞　出版社より図書購入費（2,200円）が現金書留で届く

2．原因
和歌山市民図書館資料の除籍に関する要綱に則り、和歌山市教育委員会から承認を得て除籍を実行することに対する認識がなかったこと。

3．再発防止策
図書資料の除籍に関連する業務は、読書活動推進課と協議し、承認後に

【圖38】2020年4月和歌山市市民圖書館西分館醜聞的檢討報告。

這份檢討報告指出，出版社以「編輯瑕疵」為由，在二〇二〇年三月向CCC的員工要求退回當初和歌山市民圖書館西分館退回以新書收藏的兒童書籍《青蛙的天神大人》，而CCC員工輕易答應這項要求的始末。

如果要停止提供資料，就一定得取得教育委員會的許可，但是CCC經營的和歌山市民圖書館西分館卻跳過了這個步驟。

一般來說，都會答應出版社的申請，讓出版社回收相關書籍，但圖書館有條不成文的規定，那就是若非特殊事故，不得中止決定提供的資料，因為得滿足國民「知」的權利。如果每次收到對書籍內容的客訴就停止提供資料，那麼以《圖書館自由宣言》（図書館の自由に関する宣言）提倡的「資料提供的自由」就得不到任何保障。

雖然出版《青蛙的天神大人》的出版社沒有清楚說明回收的理由，但某位圖書館相關人員透露了下列的理由：

「北野天滿宮的代表認為將菅原道真比喻成青蛙不適當，希望出版社能夠回收。根據作者的兒子在臉書的說法，作者無法接受這個理由。」

意思是觸犯了相關的禁忌嗎？雖然出版社對於來自第三者的客訴如此敏感也很奇怪，但是圖書館這邊居然如此輕易地答應了出版社回收書籍的要求更是不容小覷的問題。CCC該不會未經市教委的許可就自作主張，將藏書除籍了吧？這絕對是足以證實市教委無力管理指定管理者的一大事件。

這件事情東窗事發之後，在讀書活動推進課應該引起了軒然大波才對，不過，既然已經犯了錯，多說無益。CCC也只好向市教委提出說明事件經過的檢討報告，讓事情到此告一段落。這些事實當然都不會公諸於世，就連檢討報告也被掩埋。如果沒有資訊公開制度的話，市民永遠不會知道發生了這種CCC越權的事實。

第六章

無半點遮掩的官方文件
揭露的公共事務委託民間辦理問題

東京都知事被彈劾「都立高中偽裝承包事件」

到目前為止，介紹了和歌山市圖書館官商圍標的事件，向塗黑官方文件的「黑暗」照進一線曙光。接下來想介紹的是，讓我知道一張官方文件的「潛在威力」有多麼巨大的「都市高中偽裝承包事件」，透過這個事件的來龍去脈讓大家知道妥善保管官方文件與資訊公開有多麼重要，也藉此作為本書的最後一章。

筆者是在二〇一九年六月的時候，從某個意外取得的官方文件得知東京都教育委員會掩蓋的醜聞。在勞動局調查東京都市高中之後，東京都也因此被彈劾，這也是前所未有的醜聞。

起因是和歌山市的某個事件。二〇一九年六月，蔦屋圖書館這座新市民圖書館準備開幕時，筆者在因緣際會之下，突然取得ＣＣＣ準備承辦「市內國中國小學校圖書館相關業務」的小道消息。

「怎麼可能，負責社會教育的公共圖書館與負責學校教育的學校圖書館是性質完全不同的設施，市教委內部的主管機關也不同，怎麼可能混為一談，全交由民營業者負責呢？」

正當我抱著這個疑問展開調查時，得知都立高中爆發了「偽裝承包事件」，才了解到「將學校圖書館委託給民間經營」是一個不小心就會違法的行為。

筆者在得知了有個在未完全改善違法狀態的情況之下，深入學校教育現場的「公務派遣員」集團，就從二〇一九年九月開始，花了兩年的時間在「商業時報」不定期連載這個問題。

在採訪過程中得知的真相是，原本只是設址在地方不起眼的建築中，沒有任何專業知識與素養的管理公司，成長為「公務派遣員」企業集團，默默地囊括了近一百九十間都立高中學校圖書館一半以上的經營業務，這可說是民間委辦業務的歪風。

在「民間能做的事情讓民間做」這個口號之下，連學校核心設施的圖書館都淪為一介企業的「搖錢樹」或獵物，一回過神來，情況已經糟到即將失控。

在不斷深入調查之後，這個以一張官方文件為導火線的事件不斷地延燒，在學校圖書館

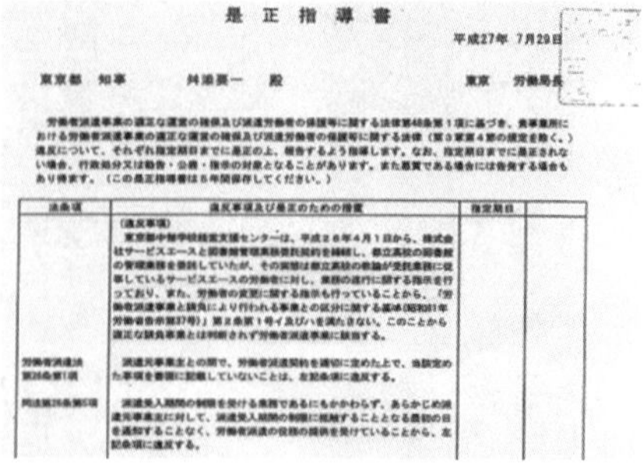

是正指導書

平成27年 7月29日

東京都 知事　舛添要一　殿　　東京　労働局長

法条項	違反事項及び是正のための措置	指定期日	
	（違反事項）		
労働者派遣法第26条第1項			
同法第26条第5項			

【圖 39】2015 年 7 月 29 日，以勞動局長的名義寄給東京都知事舛添要一的彈劾指導書。

即將淪為「個人禁臠」之前，由有「官方文件公開之鬼」之稱的都議會議員阻止了一切，得以避免最糟糕的結果發生。

請大家看一下圖39。這是平成二十七（二〇一五）年七月二十九日由東京勞動局長發出的「彈劾指導書」。

值得注意的是，收件人是二〇一五年的東京都知事舛添要一。

到底是為什麼，都知事非得被勞動局長彈劾呢？

勞動局的彈劾指導書提到，委託給民營業者的圖書館經營業務明明是勞工派遣事業，但派遣業者、派遣單位都不符合派遣事業條件，明確指出這件事為違法行為。

簡單來說，就是「偽裝承包」事件。契約上是承包特定業務的業務委託形式，但實際上是承辦企業在未經許可之下，派人到客戶現場，接受委託者的員工的命令，進行所謂的「勞工派遣事業」。說得難聽一點，都教委透過「黑工仲介」或是「黑心人力仲介」這類違法業者將司書派至都立高中學校圖書館的醜聞。

直到前一章之前，本書都在介紹由CCC這類業者經營公共圖書館的案例，而這些案例都是透過指定管理者制度將經營設施的業者統包給民營企業，但是學校圖書館無法套用指定管理者制度，所以屬於業務委託契約。以指定管理者經營的公共圖書館為例，館長可以直接對圖書館的員工下達命令，但是屬於業務委託契約的學校圖書館則不同，校長或是教師無法直接命令圖書館的員工。

向東京都申請相關書面資料的是於二〇一五年，擔任「東京圖書館促進會」事務局長的池澤升。

此時，在都市高中相關人士之間，流傳著某處學校圖書館遭到勞動局調查的傳聞。

由於不知道發生了什麼事情，所以為了確定這個傳聞的真偽，我向負責管轄都立高中的東京都教育委員會與介入調查的東京勞動局申請了資料，都教委也毫不猶豫地提到了說明事情原委的書面資料。

現在的東京都提供塗黑的文件就像喝水一樣自然，所以很難讓人相信當時的那份書面資料幾乎沒半點塗黑。若是包含日後另行補充的資料，這份書面資料約有一百頁，而其中被塗黑的部分很少，除了民營企業的負責人姓名這類個人資訊或是簽呈的影印本之外，只有幾處的內部會議被塗黑而已。

所以整份資料能夠毫無障礙地讀完，而且若是依照日期的順序閱讀，就會知道不管發生什麼事情，都會製作詳盡的報告，而且連東京都與業者之間互動的紀錄也鉅細靡遺，除了會議紀錄之外，還附上業者提出的檢討報告，各種紀錄都簡潔有力（圖40）。正當我為了都教委居然願意如此開誠布公，自行揭露自家醜聞而感動時，池澤先生告訴我都教委真正的想法：

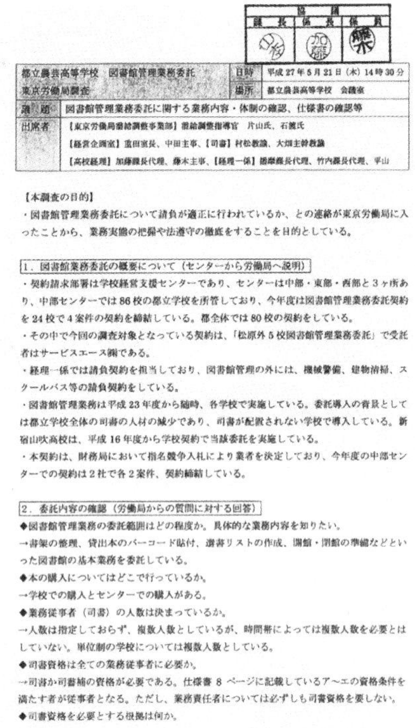

協議		
課長	係長	係員

都立農芸高等学校　図書館管理業務委託 東京労働局調査		日時	平成 27 年 5 月 21 日（木）14 時 30 分
		場所	都立農芸高等学校　会議室
議題	図書館管理業務委託に関する業務内容・体制の確認、仕様書の確認等		
出席者	【東京労働局需給調整事業部】需給調整指導官　片山氏、石渡氏 【経営企画室】重田室長、中田主事、【司書】村松教諭、大畑主幹教諭 【高校経理】加藤課長代理、藤木主事、【経理一係】播磨課長代理、竹内課長代理、平山		

【本調査の目的】

・図書館管理業務委託について請負が適正に行われているか、との連絡が東京労働局に入ったことから、業務実態の把握や法遵守の徹底をすることを目的としている。

1．図書館業務委託の概要について（センターから労働局へ説明）

・契約請求部署は学校経営支援センターであり、センターは中部・東部・西部と 3 ヶ所あり、中部センターでは 86 校の都立学校を所管しており、今年度は図書館管理業務委託契約を 24 校で 4 案件の契約を締結している。都全体では 80 校の契約をしている。

・その中で今回の調査対象となっている契約は、「松原外 5 校図書館管理業務委託」で受託者はサービスエース㈱である。

・経理一係では請負契約を担当しており、図書館管理の外には、機械警備、建物清掃、スクールバス等の請負契約をしている。

・図書館管理業務は平成 23 年度から随時、各学校で実施している。委託導入の背景としては都立学校全体の司書の人材の減少であり、司書が配置されない学校で導入している。新宿山吹高校は、平成 16 年度から学校契約で当該委託を実施している。

・本契約は、財務局において指名競争入札により業者を決定しており、今年度の中部センターでの契約は 2 社で各 2 案件、契約締結している。

2．委託内容の確認（労働局からの質問に対する回答）

◆図書館管理業務の委託範囲はどの程度か。具体的な業務内容を知りたい。

→書架の整理、貸出本のバーコード貼付、選書リストの作成、開館・閉館の準備などといった図書館の基本業務を委託している。

◆本の購入についてはどこで行っているか。

→学校での購入とセンターでの購入がある。

◆業務従事者（司書）の人数は決まっているか。

→人数は指定しておらず、複数人数としているが、時間帯によっては複数人数を必要とはしていない。単位制の学校については複数人数としている。

◆司書資格は全ての業務従事者に必要か。

→司書か司書補の資格が必要である。仕様書 8 ページに記載しているア～エの資格条件を満たす者が従事者となる。ただし、業務責任者については必ずしも司書資格を要しない。

◆司書資格を必要とする根拠は何か。

【圖 40】這是東京都報告勞動局調查概要的文件。在「本調查的目的」欄位之中，寫著「東京勞動局接獲質疑圖書館管理業務是否正確委辦的檢舉」，所以從這份資料可以得知，背後有人告發這一切。

對都教委來說，就算出現了違法的行為，在調查實際狀況之後，依照勞動局的指示彈劾即可。至於出問題的業務委託方式，則是要求各校修正規格書，所以他們覺得不會出什麼問題才公開所有資料。

不過，當時的東京都未公開這件醜聞，所以因為偽裝承包而被勞動局彈劾的這件事也沒公諸於世，當然也沒有遭受社會大眾抨擊。

在誰都不知道的時候發生了醜聞，又在誰都不知道的時候，解決了這樁醜聞。由於沒有任何媒體報導了這樁醜聞，所以這等於是「被偷偷埋葬在黑暗之中」的醜聞，不過後來才知道，違法行為不僅未得到改善，還一直延續下去。

對都教委而言，「儘管是違法行為，已經依照主管機關的指示改善，所以不會有任何問題」，但某位圖書館相關人士卻批評「這一連串的過程與猴戲無異」。

我猜告發者應該是提出了讓勞動局不得不採取的違法鐵證，所以勞動局姑且採取行動，假裝彈劾一下，而都教委也配合演出，制定避免違法的規則，或是發出嚴格的公告，但這只會讓第一線的職員更難做事而已，本質上沒有任何改變。

雖然是錯縱複雜的過程，但隨著深入調查之後，便發現這樁事件藏著未依照契約履行業務的重重黑幕。

「將業務輕易委託給沒有相關經驗的業者」導致業務推行困難

1　配置体制不備状況

複数人配置時間帯について、以下の日時で単数配置。

学校名	不備のあった日	不備のあった時間帯
農芸	4月1,6日	お昼休み開始時間～17時
中野工業	4月1,3,6日	
荻窪	4月1,2,3,6,7,8,9,10,13,14,15,16,17,20,24,27 5月1,8,11,15,18	業務開始時間～17時 ※学校要望に沿う人材の確保が難しく、時間を要した。
	4月21,22,23,28,30 5月7,12,13,14,19,20,21,22,25,26,27,28,29 6月1,2,3,4,5,8,9,10,11,12,15,16,17,18,19	業務開始時間 ～お昼休み開始時間 ※学校要望

【圖41】都教委的相關部門指導承辦企業的書面資料的開頭。

圖41的書面資料是都教委的相關部門指導承辦企業的書面資料的開頭部分。

這份書面資料清楚記載，從二〇一五年四月開始，「Service Ace」公司承辦了業務，卻在三間都立高中發生了契約未履行問題，以及相關部門處理這些問題的過程。

農藝高中在四月有兩天；中野工業高中則是在四月有三天；荻窪高中則在四月到六月二十日除了假日之外，幾乎所有的上課日，都發生了契約未履行的問題。

基本上，都立高中學校圖書館的業務就是在上午與晚上（定時制，有夜校的高中）配置一位司書（單數配置），只在下午配置多位司書（複數配置），但是荻窪高中是早、中、晚三班制，所以上午與下午都必須配置多位司書，然而荻窪高中卻是幾乎每天都只有一位司書上班。

就算高中因為定時制課程的緣故，或是想要照顧從國中開始就不願到校上學的學生，而希望「星期一到星期五都讓同一位司書上班」，但就算是排除如此特殊的情況，契約未履行的期間這麼長還是讓人匪夷所思。

儘管都的相關部門很早就注意到這個現象，也努力要求廠商改善，但情況遲遲未能改善，也讓廠商交出檢討報告。就筆者所知，光是二〇一五年度就有兩間公司發生了八起契約未履行的問題。

被指控契約未履行的承辦企業通常會提出檢討報告，但是情況依舊，到了隔年二〇一六年度之後，至少有三間公司發生了六起契約未履行的問題。

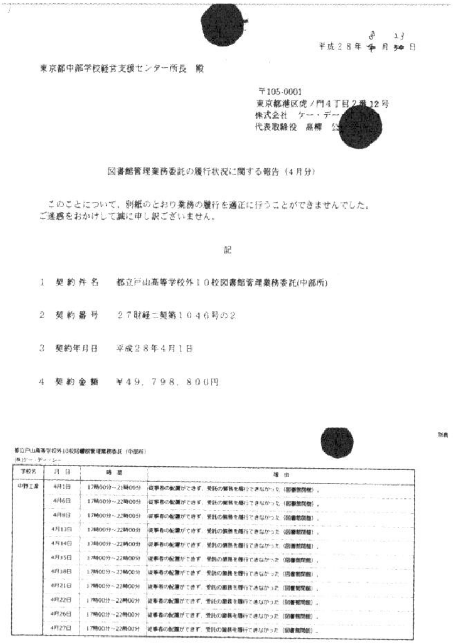

[redacted]

平成２８年８月２３日

東京都中部学校経営支援センター所長　殿

〒105-0001
東京都港区虎ノ門４丁目２番12号
株式会社　ケー・デー・[redacted]
代表取締役　高柳　公[redacted]

図書館管理業務委託の履行状況に関する報告（４月分）

このことについて、別紙のとおり業務の履行を適正に行うことができませんでした。
ご迷惑をおかけして誠に申し訳ございません。

記

１　契約件名　都立戸山高等学校外１０校図書館管理業務委託(中部所)

２　契約番号　２７財経二契第１０４６号の２

３　契約年月日　平成２８年４月１日

４　契約金額　¥４９，７９８，８００円

[redacted]　別紙

都立戸山高等学校外10校図書館管理業務委託（中部所）
(株)ケー・デー・シー

学校名	月日	時間	理由
中野工業	4月1日	17時00分～21時00分	従事者の配置ができず、受託の業務を履行できなかった（図書館閉館）。
	4月6日	17時00分～22時00分	従事者の配置ができず、受託の業務を履行できなかった（図書館閉館）。
	4月8日	17時00分～22時00分	従事者の配置ができず、受託の業務を履行できなかった（図書館閉館）。
	4月13日	17時00分～22時00分	従事者の配置ができず、受託の業務を履行できなかった（図書館閉館）。
	4月14日	17時00分～22時00分	従事者の配置ができず、受託の業務を履行できなかった（図書館閉館）。
	4月15日	17時00分～22時00分	従事者の配置ができず、受託の業務を履行できなかった（図書館閉館）。
	4月18日	17時00分～22時00分	従事者の配置ができず、受託の業務を履行できなかった（図書館閉館）。
	4月21日	17時00分～22時00分	従事者の配置ができず、受託の業務を履行できなかった（図書館閉館）。
	4月22日	17時00分～22時00分	従事者の配置ができず、受託の業務を履行できなかった（図書館閉館）。
	4月26日	17時00分～22時00分	従事者の配置ができず、受託の業務を履行できなかった（図書館閉館）。
	4月27日	17時00分～22時00分	従事者の配置ができず、受託の業務を履行できなかった（図書館閉館）。

【圖 42】這是 2016 年 8 月由東京都要求提出，承辦企業對於未能履行契約，配置應有司書人數製作的檢討報告。

圖42的書面資料是偽裝承包事件爆發後的隔年（二〇一六年度）的資料，從中可以看到，都教委雖然不厭其煩地指導廠商，但這些廠商依然故我，未針對司書上班人數進行任何改善。我認為這類醜聞不只是一間公司的問題，而是都立高中委託民間經營學校圖書館的制度出了問題。

原以為是下達業務命令的方式出了問題，所以公立高中的教育現場才會被勞動局糾正，當我以為自己追查的是這類單純的偽裝承包事件，沒想到從隨附的官方文件陸續找到其他的醜聞。

承辦業者未依照契約履行圖書館經營業務，未於指定的時段配置必要的人力，而都教委的相關部門每次發現這類契約未履行的情況時，都會不厭其煩地要求業者改善，但是業者卻還是明知故犯。最終才導致東京都委託民間企業的圖書館經營業務陷入瀕臨崩潰的地步。

都教委是從二〇一一年度開始將都立高中的學校圖書館委由民間企業經營，而實施對象從二〇一一年度的十九校開始逐年增加，到了爆發偽裝承包事件的二〇一五年度，接近整體一半的八十間學校都成了實施對象。最初是認為將業務統包給專業業者，都立高中就能更有效率地推動學生的閱讀計畫。

然而現實卻完全背道而馳，最先浮出檯面的就是前面提到的偽裝承包，而催生偽裝承包問題的背景因素則是「輕易地將業務委託給缺乏相關經驗的業者」，所以才會陸續出現圖書館無法依約經營，也就是「契約未履行」的事件。

在偽裝承包醜聞爆發的二〇一五年，接受東京都指定而前來投標的業者不是管理業就是清潔業、人力派遣業或是害蟲驅除業，別說主業與圖書館無關，甚至是跟教育領域沒有任何關係的業者，所以不太可能隨時都備有足夠的司書人力。在三月上旬得標之後，只好「臨時抱佛腳」，急著在新學期開學的四月一日之前，招募具有司書證照與相關經驗的人力，但是當然不可能在短期間募得需要的人力。

更糟的是，讓這些業者找不到理想人力的是惡劣的徵才條件。儘管業者需要的是具有司書證照與實務經驗的人才，卻只提供接近最低薪資的薪水，而且採用的是輪班制，一旦一週上班時數未滿三十個小時，連社會保險都沒有，而且一年一約，又「不一定會續約」，所以業者要徵到必要的人力是簡單還是困難，應該不難想像。

結果，從四月一日契約的第一天開始，就有許多承辦業者出現「契約未履行」的問題，無法依照要求在工作現場配置應有的人力，這導致都教委的相關部門每年都得負起糾正的責任，業者也在每次被糾正之後提出檢討報告。這種現象從委辦業務的第一年就已經發生，而且是年復一年地發生。因此東京都從二〇一七年開始，改與業者簽訂「單價契約」，也就是依照學校圖書館營業天數支付委託費，簽約方式也從二〇一六年度開始，改採部分複數年契約的模式因應。

家族企業假借民間承辦的名義寡占市場

請大家看看圖43。東京都針對二〇一五至二〇一六年出現契約未履行問題的業者減少了委託費，而圖43的書面資料則是筆者在索取相關資料之後，取得的一百五十四頁書面資料的其中一頁。

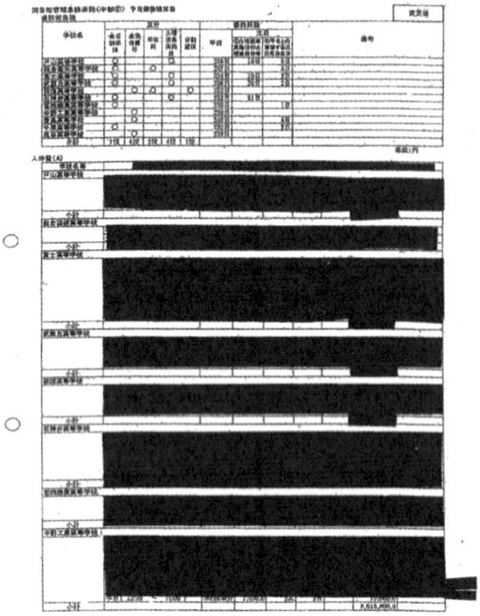

【圖43】只有倒數幾行的「小計」沒有塗黑，是「6,015,800」這個數字。從書面資料的標題為「底價報價單」來看，這應該是東京都在針對該校計算底價時算出的人事費用。

雖然其他高中的資料都塗黑，唯獨二〇一六年度中野工業高中的資料未完全塗黑，從倒數幾行的「小計」可以看到「6,015,800」的數字。從書面資料的標題為「～底價報價單」來看，這應該是東京都在針對該校計算底價時算出的人事費用。

當我以這個數字為線索，進一步了解都立高中學校圖書館的業務委託現況，便發現業者得到了相當有利的條件。

以全日制附設定時制的中野工業高中為例，平均每天配置司書人力的時數為十八小時，乘上全年工作天數兩百三十九日，總時數為四千三百零二小時，若以這位業者於徵才廣告提及的時薪九百一十日圓計算，可以推算這位業者在中野工業高中這間學校所需支付的全年人事費用為三百九十一萬日圓左右。

若問這間業者實際從東京都收取了多少委託費（＝得標價格），這間業者是以十一間學校共四千五百一十一萬日圓（不含稅）的得標價格與東京都簽約，但沒有公開每間高中的委託費是多少，因此，經過計算之後，大概可以知道中野工業高中的時數約占整體十一間學校的總時數的10％。

由此逆推，可得知中野工業高中的委託費約為四百六十一萬日圓。由於人力派遣公司有義務公開毛利率（人力派遣費用－勞工薪資／除以人力派遣費用×100），所以根據這個毛利率換算之後，約為15％左右。從人力派遣公司的毛利率落在20～30％左右（包含社會保險費）來看，我一度以為這間業者的利潤偏低，但是從當時都立高中學校圖書館的員工通常屬於不需加保社會保險的短時數工作（一間學校有三位員工的話，兩個人沒有社會保險），利潤應該與正規的人力派遣公司差不多。

在此要請大家回想一下，東京都針對該校算出的底價為六百零一萬日圓。從平均得標價為四百六十一萬日圓這點來看，標比（得標價格／底價）只有76％，算是偏低的標比。就算是以這種似乎傾銷的價格得標，業者依舊能夠獲得與一般人力派遣公司相當的利潤，對於業者來說，這絕對是穩賺不賠的生意，或許業者覺得，如果能在實施對象逐年增加的過程中，在市場占有一席之地，未來這個領域一定能夠成為源源不絕的收益來源。

從勞工的角度來看，這份業務不是人力派遣業務，而是承包業務，所以薪資比人力派遣低很多。

若問二〇一六年正規人力派遣業者提供的東京都平均時薪為多少，即使是不需要專業技能的行政業務，時薪也在一千三百日圓以上，若是需要專業技術的職務，時薪超過一千六百日圓的工作也所在多有。從這個平均時薪的水準來看，需要證照與相關經驗的學校圖書館司書居然只能領到接近最低時薪的九百一十日圓，這簡直是一都兩制的世界。

話說回來，根據東京都設定的底價所預設的人事費用也偏低，所以簡單來說，都立高中的學校圖書民間委辦業務必須壓榨勞工才得以正常推行。

都教委希望有朝一日，所有都立高中的學校圖書館都交給這三間公司負責，而且這三間公司其實是系出同源的家族企業。

在我剛開始採訪都立高中的二〇一九年六月，某位圖書館相關人士告訴我上述的事實之後，我到現在都還記得當下的心情有多麼震撼。對於不知道內幕的局外人來說，光是聽到公立學校的學校圖書館委由民間企業經營，應該就會大吃一驚，沒想到更讓人驚訝的是，這些經營業務居然正被三間特定的公司瓜分，而且這三間公司居然是家族企業。換言之，市場是

都立高校図書館業務委託　　受託会社変遷一覧

東部1	2020	2019	2018	2017	2016	2015	2014	2013
日比谷								
一橋	エースシステム	エースシステム	エースシステム	エースシステム	エースシステム	サービスエース	エースシステム	マンパワー
六本木	エースシステム	エースシステム	エースシステム	エースシステム	エースシステム	サービスエース	エースシステム	マンパワー
新宿山吹	エースシステム	エースシステム	エースシステム	エースシステム	エースシステム	サービスエース	エースシステム	マンパワー
青山	ナカバヤシ							
広尾								
小石川中等								
竹早								
向丘	エースシステム	エースシステム	エースシステム	エースシステム	エースシステム			
工芸								

都立高校図書館業務委託　　受託会社変遷一覧

中部1	2020	2019	2018	2017	2016	2015	2014	2013
小山台	リブネット	秀光	秀光	秀光				
大崎	リブネット	秀光	秀光	秀光	秀光	サービスエース	サービスエース	マンパワ
雪谷	エースシステム	エースシステム						
田園調布	リブネット	秀光	秀光	秀光	秀光	サービスエース	サービスエース	マンパワ
新宿								
駒場								
桜修館中等								
目黒	秀光	秀光	秀光	秀光	秀光	サービスエース	サービスエース	マンパワ
総合芸術	秀光	秀光	秀光	秀光	ケー・デー・シー			
国際								

都立高校図書館業務委託　　受託会社変遷一覧

西部1	2020	2019	2018	2017	2016	2015	2014	2013
南多摩中等								
富士森	光管財	光管財	光管財	光管財	バックスグループ	光管財	光管財	クリー
八王子桑志	光管財	光管財	光管財	光管財	バックスグループ	光管財	光管財	
八王子拓真	光管財	光管財	光管財	光管財	バックスグループ	光管財	光管財	クリー
片倉	光管財	光管財	光管財	光管財	光管財	光管財	光管財	光管財
八王子東								
八王子北	光管財	光管財	光管財	光管財	バックスグループ			
松が谷	光管財	光管財	光管財	光管財	光管財	光管財	光管財	光管財
翔陽	光管財	光管財	光管財	光管財	バックスグループ	光管財	光管財	クリー
日野	光管財	光管財	光管財	光管財	光管財			

【圖 44】承辦都立高中學校圖書館經營業務的企業一覽表（2013～2020 年度）的部分摘要。這張一覽表以地區分類，由上而下分別是「東部 1」、「中部 1」、「西部 1」（ooura 氏製作）。

由一間企業壟斷，這可不是什麼小事啊。

請大家看一下圖44。這是都立高中學校圖書館經營業務承辦企業一覽表（二〇一三至二〇二〇年度）的摘要。這類一覽表是以地區分類，而在東部學校經營支援中心的管轄範圍之內可以發現，從二〇一七年開始，「Ace System」這間企業快速地擴張市占率。

儘管部分市場被活頁夾相簿的知名辦公用品製造商「NAKABAYASHI」奪走，但超過六成的業務都由這家「Ace System」承辦。

至於在中部學校經營支援中心的管轄範圍之內，則是秀光這間公司獨占鰲頭，與東部的情況一樣，承辦了約六成的業務。

但是最令人驚訝的是負責東京都的西部學校經營支援中心的情況。從二〇一七年開始，所有實施對象都交由「光管財」這間公司負責。如字面所述，一間公司獨占了整個區域業務。

在其他業種的業者陸續搶進市場之際逐漸白熱化的傾銷混戰

從二〇一一年度啟動的都立高中學校圖書館委辦業務每年都讓缺少司書人力前十名的高中成為投標對象。到了二〇二〇年底，共有一百二十八所（總共有一百八十五間學校〔不包含五間都立中等教育學校〕）高中的學校圖書館成為實施對象，依照這個速度來看，不用幾年，這一百八十五間都立高中的學校圖書館都會由來路不明的三間公司經營，完全成為寡占市場。

這三間公司分別是總公司位於東京都足立區的「光管財」與「Ace System」，另一間公司則是將總公司設在東京都葛飾區的「秀光」（之後簡稱光Ace三社）。

這三間公司本來都是以保全業、大樓管理業為主業的在地中小企業，但客戶幾乎都是公家機關，也就是官方業務。當我要求東京都提供這三間公司的資料之後，發現這三間公司的業績在過去幾年，因為陸續承辦都立高中學校圖書館經營業務而大幅成長。

自二〇一六年度之後，都立高中的學校圖書館經營業務就從單年度契約漸漸轉型為複數年度契約，上述三間公司的業績也跟著扶搖直上，而且每間都立高中的委託費到了二〇二〇年度之後，比二〇一六年度高出兩倍有餘，這也是這三間公司業績大幅成長的原因之一。

除了光 Ace 三社之外，承辦都立高中學校圖書館的企業有一半以上都是圖書館業務的外行人，當然也不可能擁有專屬的司書人力。一如前述，這些企業都是在得標之後才急著募集人力。

光 Ace 三社主業都是保全業、大樓管理業，之後才延伸至經營學校圖書館的業務，在東京、西部地區，中小企業的光管財幾乎可說是獨占了整個地區的業務。

到底這個家族企業占領了多少市場呢？翻開二〇二〇年度的資料，可以得到下列的結果。

- **東部中心管轄的六十一校之中，有四十三校為實施對象，其中有二十八校的業務由**

「Ace system」企業承辦。

- **中部中心管轄的六十三校之中，有四十二校為實施對象，其中有二十七校的業務由「秀光」企業承辦。**
- **西部中心管轄的六十一校之中，有四十三校為實施對象，全部的業務都由「光管財」企業承辦。**

最終，光 Ace 三社光是靠都立高中學校圖書館經營這項業務，就在二〇二〇年度創下了六億一千三百六十萬日圓的業績，相較於二〇一六年的兩億四千五百二十萬日圓，成長了接近三倍的幅度。若包含東京都於其他領域的委託金額，三間公司加起來的總業績上升至十六億日圓之譜。

在二〇二〇年度的尾聲，一百八十五所都立高中共有一百二十八所將圖書館業務外包給業者，而光 Ace 三社就承辦了其中的九十八間，市占率達77%。

如果照這樣的進度，一百八十五所都立高中的學校圖書館都會交由民營業者負責，而且很有可能形成市場被光 Ace 三社寡占的局面，那麼十五億日圓以上的市場幾乎都被這三間公司所平分。

明明這是透過投標甄選業者的特定領域官方業務，沒想到居然會被一個企業集團獨占，這真的是前所未聞。到底這三間公司是不是集團企業呢？如果真的是集團企業，到底為什麼他們能夠蠶食鯨吞東京都的外包事業呢？

為了解開這個謎團，筆者不斷地採訪相關人士，最終得到了下列的證詞：

> 光管財是母公司，Ace System 與秀光是旗下的子公司。實質上，由光管財的社長獨攬集團的事業與實權，旗下兩間子公司的經營者聽說都有姻親關係，但不知道是真是假。在圖書館工作的員工以及業務負責人都不會到公司上班。這三間公司似乎都會向位於西新宿的光管財分店報告業績。

從法人的登記簿謄本來看，這三間公司的確是集團企業。首先，堪稱光Ace社指揮部的光管財是於一九八一年設立，資本額為五千萬日圓。社長為田中光氏，帝國資料銀行的資料顯示，他於一九七一年出生。開始與公家機關、地方政府做生意之後，年營業額從二〇一五年度的二十九億日圓快速成長至四十七億日圓。該公司還有另一位擁有代表權的董事叫做田中祐治，這位祐治先生似乎是該公司的創辦人（會長），他的地址與Ace System董事長的女性一致，光管財分店與秀光總公司的地址一致，Ace System的分店地址與秀光董事長的地址一致之外，這幾間公司的董事也多有重複，三間公司的關係有多密切也可見一斑。

那麼，為什麼足立區在地大樓管理公司能夠接到這麼多官方業務呢？

解開這個謎團的關鍵在於電子投標。都立高中學校圖書館民間委辦業務是於二〇一一年度啟動。觀察這一年的投標情況（圖45），可以發現由東部中心管轄的五間學校是由「KDC」（Kyowa Digital Contents）這間公司負責，投標金額為二千四百萬日圓（平均每所為四百八十萬日圓）。當時投標金額最高的企業是四千一百一十萬日圓的NAKABAYASHI，所以KDC

年度	グループ・校数	落札企業	落札金額	入札企業	入札金額
	西部1年・7	クリーン工房	42,504,000	クリーン工房	40,480,000
				大新東ヒューマンサービス	46,920,000
				光管財	48,756,000
				日本コンベンションサービス	辞退
2011	東部1年・5	ケー・デー・シー	25,200,000	ケー・デー・シー	24,000,000
				クリーン工房	26,656,824
				光管財	26,707,000
				ナカバヤシ	41,100,000
	中部1年・5	日本コンベンションサー	34,799,940	日本コンベンションサービス	33,142,800
				日建総業	37,900,000
				オーディーエー	44,250,000
				図書館流通センター	53,000,000
				アーバン環境管理事業	57,370,000
	西部1年・8	ケー・デー・シー	43,995,000	ケー・デー・シー	41,900,000
				日本コンベンションサービス	46,488,000
				ナカバヤシ	61,400,000
				図書館流通センター	76,700,000

【圖 45】都立高中學校圖書館民間委辦業務於 2011 年度啟動時的投標紀錄（由 ooura 先生製作）。

等於以接近 NAKABAYASHI 半價的方式搶到標案。業界龍頭的專門企業ＴＲＣ（圖書館流通中心）在西部中心以接近得標者兩倍的價格投標後，從下一年開始就不再參加投標。從這些資料可以得知，其他業界的業者陸續進入市場，而且以割喉戰的價格展開白熱化的競爭。

光 Ace 三社的母公司光管財雖然在第二年的二〇一二年度之前都不曾得標，卻以西部為舞台，提出與得標者接近的投標金額。到了第三年的二〇一三年，該陰點總算搶到西部六間學校的標案，也從隔年開始慢慢拓展市場，到了二〇一六年之後，於東部設立 Ace System，以及於中部設立秀光，分頭承擔不同區域的業務，建立一步步占領市場的體制。

在這段期間，許多競爭對手覺得「這樣根本沒有利潤」而陸續撤退，只有光 Ace 三社咬緊牙關撐了下來。之後又以「頂讓」的方式，從撤退的公司挖來經驗豐富的員工，所以從二〇一七年開始採用投標價格與技術分數的綜合評分方式之後，這三間公司也得到相當不錯的評價。

某處地方政府的前契約負責人指出，都教委從一開始外包業務的時候，甄選業者的方式就很奇怪：

這類甄選通常都會以擁有長年經營相同設施經驗，或是擁有能夠執行業務的專業人材為條件，但是都立高中的學校圖書館卻沒有這類條件，只需要具備 ISO 27001（資訊安全管理系統〔ISMS〕的國際規格）與隱私權標章（個人資訊處理合格業者的標準）這兩個資料即可參與投標，而且從這個標準從一開始就延續到現在。

東京都甄選業者的方式為「選擇性招標」，意思是業者可以自由參加，只要通過東京都的審查，符合投標資格，就能夠於日後參加投標。換句話說，只要符合東京都提出的投標資格，不管是哪個領域的業者都能夠輕易參加投標。

假設投標資格的門檻變低，那麼之後的一切就由投標價格決定。了解相關內幕的朋友是這麼說的：

其實這個集團以破盤價投標，也就是以破壞行情的價格投標。由於是電子投標，而不是紙本投標，所以社長或是參謀研究全東京都的投標案件，再以能夠得標的價格投標，就能陸續增加工作。如果只有一間公司這麼做還沒什麼大不了，但如果陸續新增相關企業，然後以集團企業的方式分頭投標，就能在東京都內承辦越來越多相關業務。東京都完全不審查公司之間的相關性。大部分的人都覺得，如果找不到員工的話，應該不會承辦那麼多業務，但這樣反而有機可趁，因為可以在得標之後再找員工。就算找不到足夠的員工，大不了就是寫張檢討報告而已，沒有什麼罰則，只要找到員工再派到定點上班即可。所以在工作現場才會一再發生契約未履行的現象。

進入二〇〇〇年代初期之後，在「民間能做的事情讓民間做」這句口號的一聲令下，許多官方業務都紛紛交由民營業者負責，而在這股沛然難禦的時代潮流之中，教育現場可說是最後一片淨土，沒想到沖垮這片淨土的是都立高中學校圖書館的外包業務。換言之，光 Ace 三社這類在地中小企業成功地站上時代的浪頭。

此外，雖然有意見指出，光 Ace 三社這類從其他領域跨足而來的企業不具備經營圖書館的相關經驗，但不代表這些企業錄用的員工就不夠資格，繼續雇用前承辦企業員工的光 Ace 三社就曾經交由經驗豐富的員工經營學校圖書館，也因此得到都教委的好評，而這些都是不爭的事實。

由都議會議員揭露的長期違法狀態

筆者於二〇一九年九月至二〇二〇年三月這半年，在「商業時報」寫了七篇有關都立高中學校圖書館的報導。儘管標題都很樸實無華，但幾乎每篇都在「商業時報」綜合分類得到了第一名的點閱率。不過這些報導不像八卦雜誌的醜聞，沒有引起大眾媒體的興趣。換言之，就是「單打獨鬥」的狀態。

就算在社群媒體成為熱門話題，只要沒被大眾媒體報導，公家機關就不太會遭受批判。正當我覺得「看來不會有人被追究責任」而因此感到失望時，突然出現了「援軍」。

二〇二〇年九月三十日，米川大二郎都議員（當時隸屬於都民優先會）於第三次都議會例行會議質詢二〇一五年都立高中偽裝承包事件這個議題。

米川都議員是在都立高中學校圖書館偽裝承包事件第一篇報導刊載之後的兩週，在議會質詢這個事件，我後來才知道，米川都議員從很久以前就開始收集資料這件事。其實這也不足為奇，因為前都廳職員的米川都議員從擔任葛飾區議員之際，就非常關心教育問題，尤其是學校圖書館問題，所以他除了重新翻出二〇一五年的偽裝承包事件，還指出目前第一線仍處於違法狀態的新事實，接著又做了下列的宣布：「如果又發生平成二十七年，東京勞動局糾正發包過程的錯誤，將不予通過相關業務的預算。」

好死不死，是由都議會執政黨的議員指出違法行為，若不改善恐怕預算就無法通過，所以都教委聽到之後，應該是嚇得不知如何是好吧。米川都議員在質詢教育長的時候提到「今後學校圖書館的營運模式是否需要檢討？」而教育長支吾其詞地回答了米川都議員的問題。在此之後，都教委也不知道該怎麼重新調整外包業務的方式。

根據米川都議員的說法，二〇一五年，都立高中因偽裝承包事件接受糾正之後，他發現都教委改變了規格書的行文方式，所以他才進一步調查內情。

一般來說，承辦企業的總公司負責人會擔任窗口，傾聽學校方面的需求，再監督實際執行業務的人，但從二〇一九年的規格書來看，本該負責監督的業務負責人居然也是於現場執行業務的人，若以建築工地比喻，就是工人兼工頭的意思。

明明發包者直接對第一線的員工下達指令就會產生偽裝承包的問題，但如果讓第一線的員工成為「有名無實的監督者」，發包者就能隨時下達命令，而實際管理第一線員工的當然是另一位真正的監督者。

除了業務負責人之外，都教委也會從承辦企業選擇一位員工，擔任「承辦者」，讓他直接與委託者的學校互動，以二段式的模式完成業務負責人的職責。雖然都教委聲稱，就算高中這邊直接對委託方的員工下達命令，只要是「業務負責人就合法」，但這其實是鑽法律漏洞。

因此米川都議員前往勞動局，詢問這種規格書的內容是否違法之後，據說得到「就算兼任業務執行者，只要業務負責人遂行職責，就不算是違法」的見解，不過也得到了「如果現場只有一位業務執行者，該業務執行者又兼任業務負責人，等於發包者直接向業務執行者發號施令，此時就等於是偽裝承包」的見解。

米川都議員在得到勞動局的解釋之後，跳過都教委，直接傳真問題給所有外包圖書館業務的學校，調查真實的情況。到底每間學校是以何種體制經營學校圖書館，又是誰負責經營，尤其米川都議員把重點放在只有一個人上班時，那個人是否兼任業務負責人的職務。結果發現，在早上到下午，以及下午到晚上這兩個時段，許多學校都只有一個人上班，而且都是兼任業務負責人的情況，成功讓這類違法行為浮出檯面。

米川都議員先把這些鐵證攤在相關部門面前之後，在議會以「違法行為完全沒有改善」的立場質詢官員。

被迫處置違法行為的都教委最初只讓缺乏專任學校司書的十間學校停止外包業務，也決定讓其他在會計年度直接雇用的學校司書進入學校任職，至於已經將業務外包給業者的高中，則依舊以選擇性招標的方式甄選業者。簡單來說，就是以直接雇用學校司書的方式，彌補不足之處。

在二〇二〇年九月的時候，一百八十五所高中已有一百二十八所將圖書館業務外包給業者，這個比例接近三分之二，而剩下的三分之一也將依序外包業務，不用幾年就能夠將這類業務全部外包給民營業者，所以都教委應該很難接受現在才全部翻盤吧。

不過，要求全面停止業務外包的米川都議員不可能接受這種半調子的處置方式。儘管雙方在檯面下不斷交涉，但一直無法達成共識，也因此拖過了二〇二一年的過年。

廢止民間承包業務，索取多達五千張的書面資料

情勢是在二〇二〇年十二月第四次例會，米川都議員被任命為都市整備委員會委員長之後突然豬羊變色。擔任委員長之後，就能100%出席預算特別委員會，也能當場反對都教委提出的預算案。掌握天時地利的米川都議員在一月中旬透過所屬的都議會執政黨都民優先會對都教委提出三項針對都立高中學校圖書館的建議，分別是①減輕司書教師的授課負擔、②廢止成為偽裝承包溫床的民間承包業務、③恢復定期採用合格司書的制度。

由於米川都議員不惜公開宣誓，若無法讓都教委讓步，身為都議會執政黨的他寧可冒著被開除的風險，也要反對都教委的預算案，所以相關部門肯定是一個頭兩個大，此時已沒有任何回旋的空間，必須直接正面對決。

據說到了三月底，都教委向內部宣布，全面接受米川都議員的提案，在該年度結束之後，廢除都立高中學校圖書館民間承包業務，再依序轉型為直接雇用司書的方針。在這個瞬間，已經承包一百二十八所學校業務的民營業者在目前的契約結束後，將失去所有都立高中

學校圖書館的業務，換言之，在千鈞一髮之際，迴避了被來路不明的三間公司壟斷所有都立高中學校圖書館業務的危機。

其實米川都議員與都教委交涉時，還有另一條故事線正在進行，那就是東京勞動局在新年的一月上旬，針對都立高中學校圖書館的委託事業者調查偽裝承包事件。讓相關單位為之畏懼的是，這是繼二〇一五年調查之後的第二次調查，如果再度被認定違法，負責阻止再犯的都教委就會顏面掃地。

最終，承包企業好不容易才被宣布清白。根據相關人士的說法，勞動局事前就將查訪行程的日期與時間告知承包企業，而承包企業也與都教委進行了縝密的討論，最終東京勞動局在二月中旬直接聯絡承包企業，通知他們「沒有任何違法行為」的結論。

無獨有偶，東京都也在同一時期對於將學校圖書館相關業務外包給民營業者的都立高中進行定期監查，而了隔年二月，以令和元年的報告為名，提出承包業者未依規格書配置業務執行者，未履行契約的報告。

雖然這些調查只是剛好在同一時期發動，但對於想要盡可能維持都立高中學校圖書館由民營業者承包的都教委來說，這應該是他們不得不「廢止外包」的最後一擊。

此外，在決定廢止外包之後，勞動局繼又於六月以「曾有部分違法行為」為由，繼二〇一五年之後，對小池都知事治下的東京都發出通知（圖46），準備進行第二次行政指導。如此追究地方政府教育現場的違法狀態，可說是前所未有的情況。

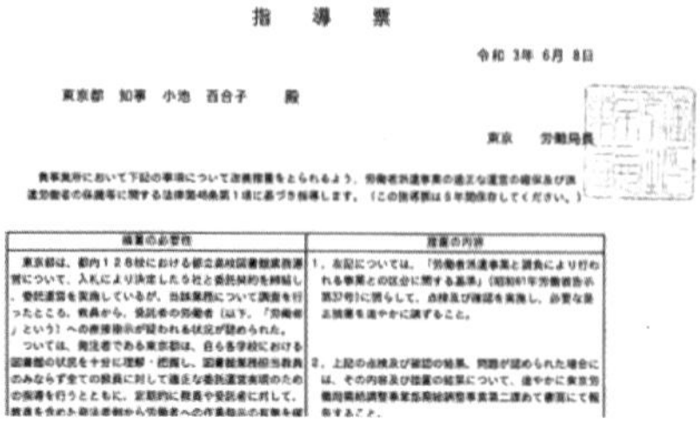
指　導　票
令和 3年 6月 8日
東京都　知事　小池　百合子　　殿
東京　労働局長

【圖46】2021年6月，東京勞動局向小池都知事發出的通知函。其中提到「在調查該業務之際，發現教職員有可能直接對承包商的員工下達指示」，暗示在官方業務的部分出現了不適當的行為。

一張「東京圖書館促進會」的池澤事務局長的彈劾資料讓原本不為人知的違法行為曝光，而筆者跟著將這個事件的相關細節全部寫成報導，最後再由米川都議員在議會的質詢突破僵局，讓外包業務就此廢止，這也讓我再次感受到官方文件的潛在威力。

如果池澤事務局長沒有索取資料，都立高中學校圖書館的偽裝承包事件很可能永遠不會曝光。在米川都議員於議會質詢之前，都立高中學校圖書館外包事業的契約書、規格書，以及記錄經營情況的書面資料都徹底地公開，而且頁數多達五千頁。由於在這些資料發現了違法證據，才能讓本以為不可能廢止的外包業務廢止，我也覺得這樣的事件值得寫成報導。

對手無寸鐵的市民來說，沒有塗黑的官方文件是揭露官商勾結的強力武器，而上述的事件也再次教會我們這件事。

結語
從「時薪一百八十日圓事件」開始的圖書館醜聞

筆者是在二〇一五年十月開始撰寫圖書館相關的報導，而讓我開始撰寫這類報導的動機並非蔦屋圖書館的問題，而是在東京足立區圖書館爆發的「時薪一百八十日圓事件」。

二〇一一年夏天，擔任足立區立圖書館指定管理者的民營企業M公司（主業為金屬加工）讓兼職員工在上班時間之外的時間，負責在兩萬本圖書館藏書黏貼防盜BDS膠帶，而為了支付相對昂貴的加班費，M公司假裝讓兼職員工於下午五點後或是假日進行家庭代工的方式進行這項工作，實質上則是以量計價（一張七日圓，結束一整天的工作之後先打卡，再於圖書館內部進行這項工作）。

在這項工作剛開始的時候，負責這項工作的兼職員工的薪水在換算成時薪之後居然低於一百八十日圓。當時負責監督兼職員工的N副館長認為「這樣等於是鑽法律漏洞的行為」，再三地建議館長以及地區學習中心長中止這項工作，結果只是狗吠火車。更糟的是，提出正確建議的她被公司視為「麻煩製造者」，公司也於隔年三月底拒絕與她續約，等於是被實質解雇。

其實這位N副館長是筆者的老婆。她從二〇一二年三月之後，就以不當拒絕續約為由，要求M公司續約，也透過非正規勞工的勞工工會進行團體交涉，但最後談判破裂，老婆便於二〇一三年八月向東京地方法院控告M公司。

兩年後的二〇一五年三月與八月分別得到地方法院與高等法院的宣判結果，我們也於這兩級法院獲得完全勝利，但是作為一個就近觀察一切的旁觀者，很想將這件事的完整經過記錄下來，我也在事件告一段落，覺得自己能夠稍微客觀看待此事之後，將這件事的來龍去脈寫成報導。

我明白，如果因為老婆是當事人而亂寫一通的話，免不了被人批判我是在「公報私仇」，所以我才沒在事件如火如荼之際寫任何相關的報導。等到一切塵埃落定，我能夠寫出誰都無法置喙的「事實」與「結果」之後，我才以「事件的黑幕」為題，寫了許多篇相關報導，其中提到了許多身在其中的人才知道的內幕，也讓社會大眾知道我對這社會不公不義的制度有多麼憤怒。

現在回想起來，那真是悲壯的戰役。我還記得公司那邊大聲主張「我們公司本來就是一年一約，不續約沒有任何問題，與館內發生的家庭代工事件也沒有任何關係」，而且就連本該是勞工救命繩的勞動基準監督署也以沒接到被害者的檢舉，就無法揭發違反最低時薪的行為作為藉口。至於發包單位的足立區公益通報窗口也以一副不關己事的口吻說：「我們只能夠調查，沒有指導指定管理者的權限。如果你（N副館長）想要維護自己的權利就提出訴訟吧。」最後伸出援手的是地方勞工工會與所屬的圖書館相關人員。

在這場幾乎沒有勝算的戰役之中，筆者無論如何都想讓犯下無數違法行為的業者無法繼續承包官方業務，所以便使盡渾身解數查明「事實」，了解由民營業者負責經營的圖書館到底發生了什麼事情，指定管理者該做什麼，少做了什麼，公家機關在接到公益通報（檢舉）之後，又會如何處置。

我出席了勞工工會的團體交涉，直接質問經營者拒絕續約的理由，也曾經假裝要投標的業者，潛入公家機關甄選指定管理者的說明會，甚至還與勞工工會的幹部一起去找足立區的課長，幫助遭受不公不義的迫害，卻只能忍氣吞聲的公務勞工發聲。

運氣不錯的是，最終得以讓犯法的企業全面退出承辦公務的領域，達成了期待。本以為一年一約的勞工很難主張續約的權利，也覺得這是場沒有勝算的戰爭，沒想到能透過辯護團律師那有如銅牆鐵壁般的法律理論，在法院獲得全面勝利，真的是突然從天上掉下來的好事。

這場訴訟持續兩年，每次開庭時，地方勞工工會的支持者以及圖書館相關人士幾乎都把旁聽席坐得滿滿的，我相信這也對法院造成了莫大的壓力。

筆者透過這次的體驗學到了只要發聲，就一定能搏得共鳴，只要不斷地發聲，事情就一定會有轉機。

就在這時候，CCC負責經營的武雄市圖書館、歷史資料館被發現從旗下的舊書店大量採購幾乎沒有任何市場價值的舊書，蔦屋圖書館也成為社群媒體的熱門話題。一如筆者親身經歷的足立區立圖書館案例，筆者覺得蔦屋圖書館的問題在於放任企業巧取豪奪利益的指定管理者制度。

雖然這兩種案例都在圖書館經營領域得而好評，被評為「活用民營業者經驗」的範本，但這些業者不過是「超級外行人」。一如只給員工時薪一百八十日圓，要求員工接受「家庭代工」的足立區金屬加工業者M社，大型租書、書店集團怎麼可能具有經營圖書館的經驗，他們只會在挑高的書架放一些裝飾假書，打造招攬客人的咖啡廳而已。這種宣稱可以「創造活力」，卻過於天真的地方政府甄選業者流程，完全與所謂的公平公正沾不上邊。

意外的是，蔦屋圖書館的事件揭露了日本全國加速推動的民間承包事業，不過是向特定企業輸送利益的權利結構。原本社會大眾都以為，承辦官方業務的民營企業「具備」執行業務的經驗，但圖書館本是民營企業曾未接觸的特殊設施，所以交由民營企業經營之後，反而讓社會大眾明白，這些民營企業根本沒有承辦這類官方業務的經驗，

這就是我一頭栽進CCC圖書館經營問題，陷入「泥沼」的開端。在之後的十年左右，

我不斷地追查地方政府選擇CCC作為指定管理者的流程，也因此發現都立高中學校圖書館的偽裝承包事件，完全是以「民營業者的經驗」當幌子，掛羊頭賣狗肉的事件。

我認為最能說明這類表面上以「民營業者的經驗」為尊，背地裡卻是官商勾結的公辦民營業務的是本書介紹的「塗黑官方文件」。比起足立區發生的「時薪一百八十日圓事件」，和歌山市的蔦屋圖書館事件更加光怪陸離，而這種為了保護自己而抹去紀錄的道德危機，至今仍於各地公家機關的角落發生，本書也已從不同的方面介紹了這些道德危機的現況。此外，筆者雖然介紹了該怎麼做才能移除那些塗黑的部分，但由於自身經歷不足，所以也另外介紹了其他人的高見，補充不足之處。

如今二〇一五年的蔦屋圖書館事件已過了十年，已經沒有任何媒體冷飯熱炒，報導這個問題。我總是覺得，當筆者不再寫這些相關報導，蔦屋圖書館問題或許就會變成「過去的事件」，為眾人所遺忘吧。不過，CCC在全國各地的地方政府勾結官員的情況不僅沒有得到改善，反而日益嚴重，而筆者也於今時今日覺得，自己必須追查這些事件，直到天涯海角也不能放棄。

此外，在本書付梓之際，在此由衷感謝那些不遺餘力幫助筆者的相關人士。

二〇二四年八月

日向咲嗣

作者簡介——日向咲嗣

一九五九年於愛媛縣出生。大學畢業後，進入報社與編輯相關企業服務後，成為自由工作者，針對雇用保險、年金制度這類社會保險領域主題撰寫商業相關書籍。二〇一八年，耗費多年心血撰寫的失業相關著作得到好評，也因此獲頒貧困新聞學獎。自二〇一五年開始，於新聞網站「商業時報」（ビジネスジャーナル）、《週 Play NEWS》（週プレNEWS）這些媒體連載蔦屋圖書館相關問題。不斷地向各地地方政府提出公開資訊的請求，並持續致力於揭露官方文件中的黑幕。

ISSUE 47

塗黑的官方文件——民主崩壞的起點

「黑塗り公文書」の闇を暴く

作者　日向咲嗣
譯者　許郁文
主編　王育涵
責任企畫　林欣梅
美術設計　江孟達工作室
內頁排版　張靜怡

總編輯　胡金倫
董事長　趙政岷
出版者　時報文化出版企業股份有限公司
108019 臺北市和平西路三段 240 號 7 樓
發行專線｜02-2306-6842
讀者服務專線｜0800-231-705｜02-2304-7103
讀者服務傳真｜02-2302-7844
郵撥｜1934-4724 時報文化出版公司
信箱｜10899 臺北華江橋郵政第 99 信箱
時報悅讀網　www.readingtimes.com.tw
人文科學線臉書　http://www.facebook.com/humanities.science
法律顧問　理律法律事務所｜陳長文律師、李念祖律師
印刷　勁達印刷有限公司
初版一刷　2025 年 8 月 22 日
定價　新臺幣 450 元

ISBN 978-626-419-686-4｜Printed in Taiwan

時報文化出版公司成立於一九七五年，並於一九九九年股票上櫃公開發行，於二〇〇八年脫離中時集團非屬旺中，以「尊重智慧與創意的文化事業」為信念。

塗黑的官方文件——民主崩壞的起點／日向咲嗣著；許郁文譯 .
-- 初版 . -- 臺北市：時報文化出版企業股份有限公司｜2025.08｜256 面；14.8×21 公分 .
譯自：「黒塗り公文書」の闇を暴く｜ISBN 978-626-419-686-4（平裝）
1. CST：地方自治　2. CST：公共行政　3. CST：公文處理　4. CST：日本｜575.31｜114009858